だったら、あなたもフェミニストじゃない？

アルテイシア

講　談　社

はじめに

「この人とジェンダーやフェミニズムの話をしたら面白そう」

私がそう思った7名の方々と対談をした。皆さんとのおしゃべりはとても楽しくて元気が出た。本書を読む皆さんも同じように感じてくれると嬉しい。あんまり難しい話は出てこないので、お茶でも飲みながら気軽に読んでください。

先日、講演の取材に来た男性の記者さんが「正直、上司に言われて来たんですけどめっちゃ面白かったです！　本買います」と言ってくれた。ジェンダーやフェミニズムの話って面白い。そんなふうに気づくきっかけになればと思って講演や授業をしている。灘校などで授業をすると矢のように質問が飛んできて、弁慶の立ち往生みたいになるが、それも刺激的で面白い。

参加者がジェンダーのモヤモヤを語り合う「ジェンダーしゃべり場」も開催している。たとえば「盆正月がつらい」という話題が出ると「わかる！」と膝パーカッション祭りになる。義実家に帰省したら義父が指一本動かさず、小学生の息子に「なんでじいじは家事しないの？」と聞かれた義父は「猿山のボスは何もせえへんのや」と回答。すると息子が「だったら僕もやらない」と言い出したとか。私だったら「おじいちゃんは実は猿なのよ」と息子に教えるか、「モンキーが人間に追いつけるかーッ」と義父にバトルを挑むだろう。実家の父が母に「お茶！」と偉そうにするのを見て息子まで母に偉そうにするようになった、という話も聞いた。子どもは周りの大人をお手本にして育つ。男が女に偉そうにして、女ばかり家事をする姿を見ると「男は女より偉い」「家事は女の仕事」と学んでしまう。そんな呪いから子どもを守るために「まずは自分がジェンダーを学んで説明できるようにならなきゃ」と考える女性は多いし、最近はそういう男性も増えてきた。「私ももともとはアンチフェミだったんです」と話してくれた女性もいた。「フェミは文句ばっかり言っててムカつく、社会のせいにせず自分が努力するべきでしょ、って自己責任論とおじさん社会の価値観に染まってました。でもたまたま友達が「これ面白いよ」とアルさんの本を貸してくれて、目が開いたんです」

その言葉を聞いて、こつこつ書き続けてよかったな～と思った。眼精疲労で夕方になると目が見えないし、座り仕事で坐骨神経痛がつらいけど。しゃべり仕事も途中でハァハァ息切れして……と初老の近況はおいといて。

中高生に授業をすると「自分もフェミニストだと気づきました」という感想をよくもらう。歌手のテイラー・スウィフトはインタビューでこんなふうに話していた。「10代のころは、フェミニストであるということが、女性と男性が平等な権利や機会を与えられる社会の実現を目指すことだとは理解していなかった。なんとなく、単に男性嫌いの人々をフェミニストと呼んでいるような気がしたから。でもいまは、多くの女の子たちが正しい意味を理解するようになったので、自分の中のフェミニストの部分に目覚めていると思う」。テイラー自身は仲のいい女友達からフェミニズムの意味を教わったことで「私は自分で主張したことはなかったけれど、実はずっとフェミニストだったんだと気づいた」そうだ。

日本でも女性たちがフェミニストを名乗るようになってきた。「私はフェミニストじゃないけど性差別には反対です、って前置きするのはダサいよね」という声もよく聞く。一方で、フェミニズムの波が来るとそれを潰そうとする波が来る。古よりフェミニズムはバックラッシュの歴史で、権利を求める女を叩きたい人々は古今東西存在した。

格差と競争の椅子取りゲーム社会では、差別やヘイトが加速する。男子校に授業に行くと「男女は脳が違うから女は理系に進むべきじゃない」「むしろ女が優遇されていて逆差別だ」と演説する少年がいて「それ共学で言うたらえらい目に遭うよ」とハラハラする。そして「今ならまだ間に合う。スケキヨみたいにミソジニー沼にずっぽりハマる前に出ておいで」と思う。オギャーと生まれた瞬間から女性を蔑視する人などいない。成長する過程のどこかで刷り込まれてしまうのだ。

けれども、それを学び落とすことはできる。人は誰でも間違うし、みんなアップデートの途中なのだ。私も日々更新し続けて、求めていたいマイレボリューション(初老革命)。

若い頃は叩かれるのが怖くて、隠れフェミニストとして暮らしていた。フェミ本もカバーをかけてこっそり読んでいた。でも私たちが進学して就職して投票できるのも、権利を求めて闘ってきた先輩たちのお陰なのだ。そのバトンをつなぎたくて「オッス!　おらフェミニスト」と宣言することにした。

今は第4波フェミニズムの時代と呼ばれ、研究者でもアクティビストでもない、ごく普通の人々が声を上げている。この流れはもう止まらない。性差別に反対する人が「私はフェミニストですけど、それが何か?」と言える時代はすぐそこだ!　という希望と共にこの本を贈ります。カバーはかけてもかけなくても大丈夫です。

目次

1

「男同士でケアし合うこと、自分で自分をケアできること」

武田砂鉄

■体育会のマッチョな現場にいながら

アルテイシア（以下、アル）：『マチズモを削り取れ』（以下、『マチズモを〜』、集英社）など、著書を楽しく読ませてもらってます！　砂鉄さんは「有害な男らしさ」に関する鋭い文章を書かれてますが、ジェンダーを意識するようになったきっかけはあったんですか？

武田砂鉄（以下、武田）：何かしらのきっかけがあったというわけではないですし、その「有害」性が残っているなと確認し続ける日々ではあるんですが、今から振り返ると、中学時代にサッカー部の控え選手で、とてつもなくモテなかったのって意外と大きかったんじゃないかと思っています。

アル：とてつもなく。

武田：スタメンのみんなやモテる同級生とは距離があったので、「どうやったらああいう奴らの足を引っかけられるか」ってよく考えてましたね。今思えば完全なルサンチマンなんですが、上手くいってる奴らに対する謎の客観的な目線が発生し、結果として「男らしさ」の真ん中から外れた学生時代を送ることになり、それが今に繋がっているのかもしれません。

アル：モテモテのエースストライカーみたいな存在だったら、今みたいな仕上がりになってないわけですね。

武田：なってないでしょうね。高校では、背が高いから活躍できるかもしれないという浅はかな理由でバレー部に入ったんですが、たいして強くないくせに上下関係は立派にありました。先輩の前をかがんで歩かなきゃいけないとか。

アル：参勤交代みたいですね。

武田：1年生は先輩が体育館に来る前にネットを立てておかなければいけないとか、くだらないルールがたくさんありました。来た順にやればいいのに。自分が3年生になった時にそれらのルールを廃止したのですが、それを知ったOBが「自分たちが築き上げてきた伝統なのになんで変えるんだ!」なんて言い出して。それが理由なのか、僕らの代だけOB会に呼ばれなくなり、現在に至ります。

アル：よかったですね、呼ばれなくて。

武田：体育会系のマッチョな現場にいながら、斜にかまえて見ていたところがありました。スポーツドリンクを飲む順番は先輩から、その後で後輩、だったんですが、巧妙に隠れてガブ飲みしたりしていました。

アル：『マチズモを～』を読んで嘔吐しそうになったのは、「ウィンナー祭り」のくだりです。ある大学のアメフト部の夏合宿で「選手が女子マネージャーにウィンナーを食べさせる」という伝統的なイベントがあるって話。女を性的な道具として利用して男同士の絆を深めるって、ホモソーシャル（性愛を除く男性間の連帯や結びつき。同性愛嫌悪（ホモフォビア）や女性蔑視（ミソジニー）を伴うことが多い）の極みですよね。体育会系部員による集団レイプ事件なども根っこは同じなんじゃないでしょうか。ウィンナーを食べさせられる女子はもちろん、男子部員の中にも嫌だと感じている人はいるでしょう。嫌でも嫌と言えないホモソの圧があるんだろうなって。

武田：さすがに減ってきましたが、テレビの世界でも、女性アナウンサーや女性タレントに対して棒状のものを食べさせる場面がありましたよね。男性がたくさんいる場にわずかに女性がいる時、女性が性的なコンテンツとして扱われてしまう。露骨ではなくても、「そのように見えなくもない」扱いをされる。女子マネージャーがいる部活はまだまだ外から見えにくいので、そういった事象がいまだにあるのではないかと心配になります。

アル：女子マネージャーという役職は基本的に日本にしか存在しないそうですね。海外では選手のコンディションを専門的に整える人はいても、おにぎりを握ったり、ユニフォームを洗ったりする女子はいないんだとか。女に無償ケア労働をさせる文化が家父長制のヘルジャパンの象徴だなって。私は「なんで金ももらわず男のパンツ洗わなきゃいけないんだ」と思っていたので、大学時代にアメフト部のマネージャーに志願する女子を見て「ラピュタは本当にあったんだ」という気分になりました。

■口の悪い女性たちに囲まれて

アル：家庭環境がジェンダー観に与えた影響はどうですか？『どうして男はそうなんだろうか会議』（筑摩書房）では、お母さんがいつも『あんたはどう思う？』と意見を聞いて尊重してくれて、お父さんも含めて『男らしくあれ』と求められることはなかったと話してましたね。

武田：父が徳島出身で母は東京出身で、年末年始は東京の母の実家に行くことが多かったんです。母の実家には祖母と伯母が2人で住んでいて、母も含めた女性3人はとにかく口が悪い。紅白歌合戦を見ながら「この歌手は女癖が悪い」「とんでもない借金がある」など下世話な話を元気にし続けていたんです。テレビの中の歌唱より、テレビの前の副音声のほうが耳に入ってきました。

アル：最高ですね、混ざりたいです。

武田：多くの家族では、年末年始に実家に帰ると年長者に酒を注いだり、座席が決まっていたり、親戚が入り乱れるような会合があると聞きますが、そういう経験が一度もないんです。親族の中で男性性が爆発している場に直面したり、うっかり混ざったりしなかったのは、今になってみれば幸いなことだったと思いますね。

アル：うちは典型的な家父長制ファミリーで、正月や法事の席で男たちは広間でごちそうを食べて宴会をして、女たちは台所で働き続けて残り物を食べて、私は子ども心に「女って損だな」と感じてました。ああいうのを見て育つと「こういうものだ」とジェンダーロール（性役割）を刷り込まれますよね。長老っぽいおじさんたちがバンバン死んでいって、正月イベや法事イベが絶滅したのはよかったです。おばさんたちもホッとしたんじゃないでしょうか。

武田：祖父は新聞の記者で、自分が生まれた頃にはもう亡くなっていたんです。当時のマスコミ業界ですから、祖母はしっちゃかめっちゃかな生活に翻弄されていたはずです。だから、自分の夫が早めに亡くなったことはショックに違いないけれど、解放された感覚もあったのかもしれない。祖母は家の近くで下着屋さんをやり、伯母は広告代理店で働いていた。祖母と伯母と2人で好き勝手に楽しそうに暮らしていた家によく遊びに行ってました。マチズモに無自覚にならなかったのは、そういう環境で育ったのも大きかったかもしれません。

アル：配偶者に先立たれたおじいさんは早死にするけど、おばあさんは元気はつらつで長生きするパターンが多いですよね。

ジェンダー意識の高い男性に話を聞くと、パートナーから影響を受けている場合も多いのですが、砂鉄さんはいかがでしょう？

武田：妻から受けている影響、とても大きいと思いますね。妻も口が悪いというか鋭い人で、自分と好きなものは違うけど、嫌いなものというか、文句の矛先が似ているんですよ。妻は「さっきテレビで誰それがこんなこと言ってたよ」とわざわざ報告にきますし、僕も「この会見はなんだかモヤモヤするよね」と話したりします。お互いに「それはおかしいんじゃないの」って指摘することもあります。ラジオで話したことを「ちょっと良い人に見られようと思ったんじゃないの」とか「あの話、ちょっと盛ったよね」とか言われたりもしますし。他の夫婦がどんな暮らしをしているかわからないですが、個々の言動にいちいちつっこんでいく態勢がジェンダー意識に繋がっているのかなと思いますね。

アル：お互いに指摘し合えるのはいいですね。うちも趣味やライフスタイルは真逆で、文化系の私は寝転がって本を読み、格闘家の夫はクルミを指で潰したり脛をビール瓶で叩いたりと酔拳みたいな修行をしてるんですよ。でも、差別とか新自由主義とかコンサルとか嫌いなものが似てるから話が合う。好きなものより嫌いなものが似てる方がうまくいくんじゃないですかね。

■マチズモを削り取るトレーニング

アル：小学生の時、男子が高いところから飛び降りる根性試しをしていて、女子は「バカじゃないの」と冷めた目で見てたんですが、灘校の片田孫朝日先生が「うちもやってる生徒がいます」と言ってて「灘校生でもやるんだ」とびっくりしました（笑）。大人になっても男同士の根性試しやガマン比べをやってますよね、サウナにどっちが長く入れるかとか。女同士はそんなことしないので、何やってんだかと思います。

武田：会社員時代、会社の飲み会にはほとんど行きませんでした。家でテレビ見たり本を読んだりしている方が面白いので。飲み会の翌日に上司が「朝まで飲んでたのにもう出勤してるよ」と自慢げに語っていて、他のメンバーも「俺は6時までいた」「俺は4時でダメだった」と本当にどうでもいいチキンレースを繰り広げてました。夜はちゃんと寝て朝起きた方がいいのに、って思ってました。

アル：リアル地獄のミサワですね。会社員時代、私も寝てない自慢する男性陣を見て「恥ずかしくないのかな」と思ってました。うちの夫は強さアピールとか絶対しないし、そういうのが一番恥ずかしいって考えなんです。ピチピチのTシャツを着て大胸筋アピールする男とか、恥ずかしくて見てられないですよね（笑）。

武田：周りは内心「ぷぷぷ」と笑ってるのに、本人は笑われていることに気づかないのが不思議ですよね。

アル：うちの猫が死んでしまった時、夫はパンパンに泣きはらした目で格闘家の集いに参加して「今日はいきなり泣いてしまうかもしれない」と宣言したそうです。そしたらみんな「泣いていいよ」「そりゃ泣くよね」と言ってくれたそうで、いいなと思いました。男性も強がらずに泣けばいいし、弱音を吐けばもっと楽になりますよね。砂鉄さんは泣いたり弱音を吐いたりできますか？

武田：「悲しかった」「悔しかった」「あいつどうにかなんねえのか」みたいな弱

音や愚痴は妻にしょっちゅう言ってますね。そういうことに対するハードルは極めて低いと思います。

アル：悲しい、悔しい、つらい、寂しい、怖い、恥ずかしい……といった「男らしくない」とされる感情に蓋をして抑え込むと「怒り」で表現しちゃうんですよ。怒りは「男らしい」感情だから。

「妻には口で勝てないからつい手が出た」とか、勝ち負けじゃねえだろって話ですけど、壁殴ったり人殴ったりベビーカー蹴ったりとか、男性が自分の感情を理解して言葉で表現できず、怒りとして爆発させてしまうのは、社会の治安維持に関わる問題だと思うんですよ。

武田：そうですね。ある調査で、あおり運転の加害者の96％が男性だったと。すごい割合です。人身事故で電車が遅れた時、駅員に詰め寄って「あと何分で走るんだ!?」って怒鳴ってるおじさんがいます。あと何分で走るのか、世界中の誰もわかりません。その人が怒鳴ったところで運転は再開しません。怒りの中に5％ぐらい冷静な自分がいたら「おっとっと、自分の怒りはどうやら無意味らしい」って気づくと思うんですけど。怒鳴って運転再開が早まったケースがあったら教えてほしいです。

アル：怒りにのっとられて制御不能なんじゃないでしょうか。某有名男子校でジェンダーを教えている女友達が、アサーション・トレーニング（相手を尊重しながら自分の意見も伝えられるようにすること）の授業をしたそうなんですよ。そしたら男の子たちが自分の気持ちを言語化してアサーティブな対話ができるようになり、クラスの雰囲気がすごく良くなったそうです。

武田：トレーニングしたら変わるってことは、生まれた瞬間からそうなんじゃなく、やはり身についたものってことですよね。

アル：全男性にその授業を受けてほしい。男性が「男は負けるな、強くあれ」という呪いから解放されて、アサーションを身につければ、モラハラもＤＶも性暴力も戦争もなくなると思う。マチズモを削り取る、有害な男らしさを学び落とすためのトレーニングが必要ですよね。

■鉄矢にならないために

武田：僕は武田砂鉄として、武田鉄矢的な説教をしないように気をつけているんです。

アル：一文字違うとなっちゃうから。鉄矢って教師役を演じていただけなのに、あたかも教師のように振る舞いますよね。

武田：鉄矢というか、金八というか、その一体化問題もありますが、人に対して酔いしれたような説教をしない、自分の価値観や立場を利用して強要しない、自分に対して疑いの目線を持とうと。ある程度、年を重ねた時に「AはBである」と疑いなく語り始めてしまう自分が出てくるかもしれないし、もしかしたらもう出てるかもしれない。そういうものを育てないようにしないと。

アル：ジェンダーの講演をすると、マンスプおじさんに遭遇するんですよ（マンスプレイニング／男性が上から目線で説教や説明をすること）。質疑応答の時間におじさんが挙手して、質問ではなく演説を始めることがよくあって。あまりに長いから「ちょっとその辺で」と止めると「じゃああと5分だけ」って言われて「まだ5分もしゃべるの!?」って（笑）。彼らは参加者の女性たちに「皆さんが政治家になればいい、なぜ立候補しないんですか！」と橋下徹みたいな説教をしたりして、女性たちを委縮させ発言の機会を奪うんです。これはあらゆる男女共同参画センターで起きていて、そのせいで質疑応答の時間を設けないところも多いそうです。

武田：90分ぐらい話した後にきた質問で「えっ、うそ、何も届いてなかったのかな」と思ってしまうことが時折あります。「自分はわかった上で言ってる」と思ってますよね。客観性のない人に「客観性を持て」と言うのは難しい。とにかく「自分に対して疑いがない」が一番深刻です。この確認作業、繰り返してます。

アル：「自分は差別なんかしてない！」というおじさんが一番厄介ですよね。マンスプおじさんはわざわざ女性の集まる場所に来て、ゴミみたいな演説や説教をするからマジ迷惑。解決策は穴掘って埋めるぐらいしか思いつかないです。

武田：会社員生活である程度偉くなった人が引退して地域コミュニティに参加した時、「偉い俺」成分を出してウザがらみしてしまう流れがありますよね。いつまでも講釈を垂れる場所を探してしまうものなのでしょうか。

アル：友人の祖父は街頭でみかん箱の上に立って毎日しゃべってるそうですよ。そうやって他人を巻き込まずにやればいい、それをYouTubeに流せばいい、誰も見ないから。

武田：立候補者でもないのに、毎日ひとり街宣してるんですか。その生命力には興味がありますが、吐き出す場所を選んでほしいです。

アル：関西のとある政治の集まりに行ったら、友近のコントに出てくる西尾一男みたいなおじさんが30人ぐらいいて、女性のスタッフや参加者に「俺の話を聞け」と無償ケア労働させてました。西尾一男同士で和太鼓とかマイムマイムとかやってりゃいいのに。

武田：彼ら同士でバーベキューをするべきだと思いますよ。

アル：「シーフード言うたら海鮮やね！」って段取りしてほしいです（笑）。

■ノットオールメンは聞き飽きた

アル：パートナー間のジェンダー意識のギャップに悩む声は多いのですが、どうすれば男女はわかり合えると思いますか？

武田：完全にわかり合うのを目指す必要はないとは思います。わかり合えなさの余白に関しての合意というのか、妻とはそれがあると思ってます。もちろん、あっちがどう思っているかはわかりませんが。相手のこういうところはわからないけど、それに対して根こそぎ否定しないようにする。相手も同じように思ってくれれば、わかり合えない状態でも健全に共存できるんじゃないかなって。

アル：それは砂鉄さんのジェンダー意識が高いからかもしれません。私は妻側が苦しんでる声をよく聞くんですよ。普段は良い夫なのに、痴漢の話をすると「冤罪もあるよね」と返すとか、ジェンダーや性暴力の話になるとバグる男性はあるあるです。

武田：たしかに、男全体が言われてると勘違いする人は多いですよね。痴漢やセクハラ議員やぶつかりおじさんの話をしてるのに「男がみんな悪いわけじゃない！」と勝手に主語を拡大するとか。「いや、男全体の話をしてるわけじゃなくてですね」と毎回説明しなきゃいけないのはしんどいですよね。

アル：「ノットオールメンはもう聞き飽きた」というコラムを書いたんですけど（『ヘルジャパンを女が自由に楽しく生き延びる方法』幻冬舎文庫収録）、「そんな男と一緒にされたら迷惑だ」と思うなら、それを被害者じゃなく加害者に言ってほしい。居心地が悪いからという理由でこちらの言葉を遮らないでほしい。目の前の女性の言葉に真摯に耳を傾けてほしいです。

武田：痴漢やセクハラをする人がいない世界を目指す、なぜそれができないかというと、女性が意見を言う状況が広まることを歓迎しない感情があるのかもしれない。だとすると、あれ、それ、一段下に見ていないっすかと。

アル：痴漢やセクハラの話をすると「責められてるみたいでつらい」「怒られてるみたいで怖い」っていう男性がいるけど、多くの女性は現実に被害に遭ってるわけですよ。性被害に遭って電車に乗れなくなったり、学校や会社に行けなくなったり、鬱病やPTSD（心理的外傷後ストレス障害）に苦しんだり、命を絶ってしまう人もいる。居心地が悪いぐらい我慢しろよって言いたいです。「責めてないよ〜怖くないよ〜」ってそこまでケアせなあかんのかって。

武田：居心地の悪さと性被害に遭うことはイコールじゃないのに。それぐらいわかれよっていうか、そんなことも想像できねえのかよってことが、とりわけジェンダーの問題に関してはあれこれ残りすぎていますよね。

アル：「これもセクハラになっちゃうカナ？」とか「だったらセクハラの定義を教えてよ」とか言うてくるおじさんには「ググレカス」と返します。そういう人って普段からセクハラに問題意識を持ってるわけじゃなく、女に言い返す時のカウンターでしか言ってこなくて、女の口を塞ぎたいだけなんです。だから相手するだけ無駄なんですよ、無駄無駄無駄無駄。

武田：ギリギリのラインを攻めようとする謎の欲求がありますよね。こちらが「ここからはダメです」と限界点を示さないと「何も言えなくて怖い」という振る舞いをする。常にハラスメント要素が入り込んでいる発言しかできない自分を変えようとしないのが不思議です。

アル：その手のおじさんは女の声には耳を貸さないので、男性が声を上げる効果は大きいと思います。女が「痴漢するな」と言っても「自意識過剰」「ババアのくせに」と揶揄されるけど、男性が言うとスンっとなって聞くじゃないですか。

ただ、声を上げる男性を「チンポ騎士団」と揶揄する人々もいますよね。『マチズモを～』に書かれていた『チンポとはいえ騎士団とついているからには悪に立ち向かう正義漢の一人にカウントされているのかと思い、「いえいえそんな」と謙遜する準備を整えていた』というくだりが面白かったです（笑）。

武田：ジェンダーの話をすると「モテたいの？」と言われることが多々あります。なんかもう笑っちゃう理解で、モテたいのであれば別のやり方をするんじゃないかなと。でも、男女の関係性を問う延長線上に必ず恋愛がらみのゴールがあると考えている人には、どうしたって、そう解釈されてしまうんだなって。

アル：彼らは下心がないと女に優しくしないんでしょう。「男に性欲がなくなったら女に優しくしないぞ」とか言うけど、あなたに優しくされなくて結構ですから近寄ってくるなとしか。

武田：ふふふ、それしか言いようがないですよね。

■女性はヴァギナが汚いので掃除する？

アル：そこまで悪質じゃなくても、異性の優しさを好意と勘違いする男性は一定数いますよね。男性に普通に親切に接したら好意があると勘違いされて、デートに誘われたり、断ると逆切れされたり、最悪はストーカーされてしまったり。そんな経験のある女性は多いので「男性には優しくしないように気をつけてる」という声もよく聞きます。

武田：女性と目が合ったら笑顔で会釈してくれたとか、病院で看護師さんが丁寧にケアしてくれたとか、ささいなことで「おやおや、気があるのかい」と飛躍するスピードの速い人がいますよね。

アル：おめでたいなと思いますけど、これって男性同士で優しくしないからじゃないでしょうか。だから優しさを「特別なこと」だと勘違いして、優しくされると好きになっちゃって、結果的に怖がられて優しくされなくなる。そんな哀しきモンスターみたいにならないために、男性同士でもっと優しくケアし合ってほしいです。

武田：女性にケアを押しつけるんじゃなく、男同士でケアし合うことや、そして、自分で自分をケアできることが必要かもしれません。

アル：妻が「風邪ひいたみたい」と言うと「俺も熱っぽいんだよね」と返す夫はあるあるですけど、相手が上司だったら「僕も熱っぽいんですよ」なんて返さず「大丈夫ですか？」と気づかいの言葉をかけるんじゃないでしょうか。これも「妻はケアする側、自分はケアされる側」と無意識に思ってるからでしょう。「女性ならではの気づかい」という言葉も「男性は気づかいできない」という言い訳とセットですよね。男性も上司や取引先には気づかいや忖度をしているわけで、できないんじゃなく、相手を選んでるだけだろうと。

武田：あらゆる「女性ならでは」という冠がついてる表現は、男社会が女性に強いてきたものが多いのではないかと思います。

水回りの掃除をする時、僕は背が高くてかがむと腰が痛くなるので、シンクの手前側を磨くのをよく忘れるんです。あるいは雑になる。それを指摘されて、「うわ、まただ」と次回はそこもちゃんとやる。でも、また忘れてしまって指摘されて……なんてことがあります。でもそれ、「男性・女性ならでは」ではなく、自分が「手前側の掃除を忘れる人」で、妻は「それを指摘してくれる人」というだけ。そこで、もし自分が「やっぱり女性って細かいところに気づくよね」と言ったらやばい。おまえが手前側の掃除を忘れているだけなのに。

アル：精神分析の父と呼ばれるフロイトは「女性はヴァギナが汚いので掃除をするのに向いている」と信じていたそうです。

武田：えっ、それ、どういう理屈ですか。

アル：女性は自分の体の不浄を埋め合わせるために、せっせと家をきれいにするそうです。『アダム・スミスの夕食を作ったのは誰か？　これからの経済と女性の話』（河出書房新社）に載っていて「フロイト、気は確かか？」と思いました。

実際は女性器はすぐれた自浄作用があって清潔だそうですよ。むしろ男性器のほうが包皮に垢が溜まりやすく細菌が繁殖しやすいそうです、形状的にも外に出てるし。

武田：むしろ、もうちょっと中にしまっとけよ、っていう形をしてますよね。

アル：もし女性が「男性はペニスが汚いので掃除に向いている」と珍説を唱えても、精神分析の母にはなれなかったでしょう。そんなトンデモな理屈や疑似科学や「母性」「本能」「伝統」といった言葉で、女性にケア労働を押しつけて、家に閉じ込めてきたんですよね。

武田：本当にそうですね。自分に何らかの変化を加えなきゃいけないけど、変われない、変わりたくない時に「うーん、やっぱり男じゃダメなんだな、女性の方が向いてるんだよ」と言いたい欲はいろんな場面でありそうです。

アル：「やっぱり女性の入れたお茶はおいしいね」と言うおじいさんに「それ千利休に言ってみろ」って言いたくても言いづらいけど。

武田：良かれと思って、褒めるつもりで言うことも多いですよね。そういうのも1つ1つ指摘していくしかないんでしょうけど。

■冷笑はダサい

アル：とはいえ希望もありまして、最近はジェンダーの講演やイベントに若い男性が増えてきました。先日のイベントでは20代の男性たちが「女性のフェミ友しかいないから、フェミ男子に出会えて嬉しい」ってインスタ交換してましたよ。

武田：ここ5年くらいでフェミニズムの本や記事も増えていて、「今のままでいいのかな」「どうやらよくないらしいよ」と疑問を持つ人口は増えてますよね。

「最近こんなのばっか」みたいなものも出てきますが、反復しながら増えていき、徐々に変わってきているとは思います。

アル：X（旧Twitter）にはアンチフェミやミソジニストがうようよいるけど、あそこはもう人の住むところじゃないので（笑）。私が現実世界で出会う若者たちはジェンダー意識が高いし、社会を変えるためにアクションする人も多いです。

武田：その通りですが、一方で、森喜朗や麻生太郎がいまだに影響力を持ち続けているように、ミソジニーを燃料にしながら高い地位についた人が、その権力を維持できる社会システムは残ったままです。あの手の人がまだまだあらゆる企業や団体にいるので、そこを変えていかなきゃとは思いますよね。

アル：メディアもいまだマッチョな男社会ですよね。TV局の女性ディレクターさんが「離婚後の共同親権について取り上げたくても、トップの男性陣が無関心で尺をくれない」と嘆いてました。

武田：先日、教員不足の問題について大学の先生に取材したら、最初に問題意識を持って取材したのは地方新聞の女性記者で、ものすごーく時間が経って、ようやく大手新聞の男性記者が取材にやってきたと聞きました。向き合うべき問題がどこにあるか、メディアの中にいる人間は常に考えなきゃいけませんよね。

アル：私は冷笑おじさんたちに全滅してほしいです。デモをして抗議する人たちを「そんなことしても無駄」って笑うおじさんとか。我々の世代が無関心だったせいでこんな社会になってるのに責任を感じないのか、いつまでもイキリ中学生ムーブしてるんじゃねえよ、みっともねえ大人だなって。

武田：そういう振る舞いに対して僕は「ぷぷぷ」って思うのですが、なぜかあっち側が嘲笑してきます。今ある問題にアクションを起こす人に対して冷笑する声があって、それをかっこいいと思う人がいるのは本当にどうしようもないです。

アル：みんな「冷笑はダサい」と早く気づいてほしいです。

武田：「冷笑をどう打ち返すか」は課題ですね。向こうは即物的な弁論術のテクニックだけは持ってるので、こっちが負けたかのように演出してくる。だから、「いやあなた超ダサいですよ」と焦らずにお伝えしたいですね。ヘラヘラせずに真顔で。

武田砂鉄

1982年生まれ。東京都出身。大学卒業後、出版社で時事問題やノンフィクションの本の編集業務に携わり、2014年よりフリーランスに。2015年『紋切型社会』（朝日出版社）で「第25回　Bunkamuraドゥマゴ文学賞」を受賞、2016年「第9回（池田晶子記念）わたくし、つまりNobody賞」を受賞。他の著書に『マチズモを削り取れ』（集英社）、『わかりやすさの罪』（朝日新聞出版）、『なんかいやな感じ』（講談社）など多数。現在は、TBSラジオ『武田砂鉄のプレ金ナイト』、文化放送『大竹まこと　ゴールデンラジオ』（火曜レギュラー）などのパーソナリティほか、「AERA」「女性自身」「日経MJ」など多数の雑誌でコラムを連載中。

―コラム― パンツを買うのは誰？

対談当日、砂鉄さんの第一声は「それはアイアン・メイデンのTシャツですね」だった。

砂鉄さん自身はダサすぎて買わなかったという、土俵で悪魔が力士を投げ飛ばすイラストを指さして「これを着ているとぶつかりおじさんに遭わないんですよ」と言うと「たしかに」と即答された。「ぶつかりおじさんなんているの？」「俺は遭ったことないけどな」と返してくる男性にいちいち説明しなきゃいけない、そんな場面にうんざりしている女性は多い。

ウーバーイーツの登録名を「源五郎」「百鬼丸」などイカつい男性名にしている女性も多い。その理由を話すと「自意識過剰」と笑われて、いざ性被害に遭うと「なぜ自衛しなかった」と責められる。私たちはただ安心して暮らしたいだけなのに、警戒せず暮らせる方が楽に決まっているのに。女の現実を理解している男性は少なくて、私も夫にさんざん説明してきた。ああ面倒せえなとうんざりしながら。

某学校でジェンダーの授業をした後、男子高校生から「マイノリティに説明を求めるのではなく、我々マジョリティが積極的に学ばなければいけませんね」と感想をもらった。思わず「人生何回目？」と聞くと「よく言われます、学校ではお父さんと呼ばれています」とのこと。世の成人男性はこの高校生を見習って『マチズモを削り取れ』を読んでほしい。

本書の対談で砂鉄さんは「女性にケアを押しつけるんじゃなく、男同士でケアし合うことや、自分で自分をケアできることが必要かもしれませんね」と話している。日めくりカレンダーに載せたい名言である。

先日、某新聞に「パンツを買うのは誰？」というタイトルのコラムを書いた。『メーカーの下着部門で働く友人が「今は５０００円ぐらいの男性用トランクスを作ってる」と言うので「そんな高級パンツ誰が買うの？」と聞くと「おばあさん」とおっしゃる。「おばあさんが百貨店でおじいさんのパンツを購入するのよ」という話に、自分のパンツぐらい自分で買ってはどうかと思いました。下着の世話まで妻に丸投げするから、配偶者に先立たれた高齢男性は寿命が縮まるのではないでしょうか』

新聞の読者は高齢男性が多いので「そうだな、自分でパンツ買おう！」と思ってほしくて。高齢男性といえば、医療従事者の友人からはこんな話を聞いた。「ストーマ（人工肛門）になった患者さんに使用方法を教えるんだけど、『自分じゃなく妻に教えてくれ』というおじいさんが結構いるのよ」。パンツどころか便の世話まで妻に丸投げ。妻が先に死んだらどうするつもり？と聞きたいが「俺より先に死んではいけない」と返すのだろうか、関白気取りのドヤ顔で。365日24時間フルタイムの介護士を雇おうと思ったらべらぼうな賃金が発生するが、妻にやらせればタダである。

ライターの女友達が知人男性から「女性はケアがつらいって言いすぎじゃない？ケアには喜びもあるでしょう」とドヤ顔で言われたそうだが「だったらお

まえがやれ」の一言である。

日本維新の会の馬場前代表が「選挙は非常に厳しい戦いだ。私自身も365日24時間、寝ている時とお風呂に入っている時以外、常に選挙を考えて政治活動をしている。それを実行できる女性は少ない。女性枠を設けることは全く考えていない」と発言したが、その布団を干して風呂を洗っているのは誰？　と聞きたい。女性に家のことを丸投げできる男性を基準に社会は作られていて、女性は男性の5倍以上のケア労働を負担している。「一定数の席を割り当てるクオータ制は女性優遇、逆差別」とおっしゃる男性には、優遇されているのはどっち？　と聞きたい。

対談の中でフロイトの珍説を紹介したが、スポーツにまつわるこんな珍説も耳にした。

スポーツの世界でも女性が排除されてきた歴史は長い。1896年の第1回オリンピックは女子選手の参加が許されず、4年後のパリ大会はゴルフやテニス等の競技で参加が認められたが、1066人の選手のうち女子はわずか12人だった。

スキージャンプに女子が参加できるようになったのは２０１４年のソチ大会からで、男子より90年も遅かった。その理由が「着地した瞬間、子宮が飛び出す危険があるから」だったんだとか。

子宮は体の奥に内蔵されており、むしろ危険にさらされているのは金玉だろう。あれを外付けのデバイスにしたのは設計ミスじゃないか。まさに「もうちょっと中にしまっとけよ、っていう形をしてますよね（砂鉄談）」である。

女は弱いものだから保護しなければ、という建前で女性差別と男性支配は正当化されてきた。そしてナウ（２０２４年11月）、トランプの再選や日本保守党の躍進、「ｙｏｕｒ ｂｏｄｙ，ｍｙ ｃｈｏｉｃｅ」「30超えたら子宮摘出」といった言葉を見るにつけ、女を支配したい男たちのマチズモが肥大化しているのを感じる。

このバックラッシュをどうすりゃいいの、誰がマチズモを削ってくれるの……と天を仰ぎながら、砂鉄さんの「アルフィー研究が必要かもしれませんね」という言葉を思い出した。東京ジェンダーしゃべり場にゲスト出演してくれた際、砂鉄さんが「アルフィーの三人みたいに男同士でわちゃわちゃ楽しそうな高齢男性が増えるといいですよね」みたいな話をしていた気がするが、私も初老なので記憶が曖昧ですみません。

うろ覚えだけど、私も『ビーチボーイズ～初老編～』みたいなドラマを見てみたいと発言した。反町と竹野内が海に入って足をつるとか、砂浜で足をとられてすっ転ぶとか、バーベキューの肉のすじが歯に挟まってとれないとか。でも男同士で愚痴りながらわちゃわちゃ暮らして、つらい時にはケアし合うとか。そんなロールモデルがどんどん増えて、リアル男性たちも変わっていくといいのに。阿佐ヶ谷姉妹に憧れる女性のように、アルフィーに憧れる男性が増えるといいのに。

みたいな話を一緒にしたいので、砂鉄さん、また今度ラジオにゲストで呼んでください。

2

「物心がついた時にはフェミニストだった」

楠本まき

■「権威を疑え」という父の信条

アル：中学生の頃に『KISS×××』（集英社）を読み、登場人物の生き方から「人と違っていいんだ」と思えて勇気をもらいました。このように対談できて感無量です……！

今回はフェミニズムに目覚めた過程や、ジェンダーと表現についておしゃべりできればと思います。『線と言葉　楠本まきの仕事』（以下、『線と言葉』、Landschaft）では「物心がついた時にはフェミニストだった」とお話しされてましたが、家庭のジェンダー観の影響はいかがでしたか。

楠本まき（以下、楠本）：母がフェミニストだったので、その影響が大きいです。自然とフェミニストの観点を身につけて育ちました。「物心ついた時」としたのは、フェミニストである、というのは自分が意識することだから、「生まれた時からフェミニスト」ではないな、と思ったからです。

アル：『線と言葉』には「家庭が非常に個人主義的な考え方」で、お父さんから「権威を疑え」という信条を持って育てられたとありますよね。父が子に「権威を疑え」と教える家は希少だと思いますし、心から羨ましいです。親が世間の目を気にして、長いものに巻かれろ的な生き方をしている家も多いですから。

楠本：私も数年前に初めて本人から聞いて、そんな教えが!?　と驚いたんですけど。でもまあ、父らしいなと。ジェンダーの話でも父がトンチンカンなことを言ったり、通じなかったというような記憶はほとんどなくて。なぜなんですかね、と尋ねたところ「それは差別について一通り勉強したからです」と、思いがけず明快な答えが返ってきてまたびっくりしました。私はてっきり、母の影響で次第に理解したのかと思っていたんですけど。もちろんそれも大きいとは思いますけどね。障害児教育に従事してきたことも無関係ではないのだろうと思います。

父はあらゆる差別の根は同じ、と考えていて、そうではあるが個々の差別については学ばなければわからない、というのが母の意見で。私も本当にそうだなと思って。だから他の差別には敏感なのに女性差別の話になった途端バグる人、っていうのがいるんだな、って。ただこういう生い立ちって、わざわざ話すことにためらいもあるんですが……。どういう家庭に生まれた、というのはたまたまであって、自分では選べないことですから。

アル：私はめっちゃ聞きたいですよ！　この男尊女卑なヘルジャパンでフェミニ

ストに育った人の話は貴重だし、参考になると思います。幼い子どもにとっては「家庭＝世界」だし、親は一番のお手本になりますよね。父が母に偉そうにして、母ばかり家事育児をしていたら、子どもは「男は女より偉い」「家事育児は女の仕事」と学んでしまいますよ。フェミ男子たちにヒアリングすると、両親ともフルタイムで対等に稼いでいたり、母や姉がつよつよだったり、「男に尽くして立てる女」とは違う女性像を見てきたパターンが多いです。あと知り合いのフェミ男子は、お母さんから「この世に偉い人なんていない」と言われて育ったそうです。楠本家の「権威を疑え」という教えとも共通してますよね。

楠本：あ、でもあんまり楠本家、という意識もなくて、それは父個人の教えです。子も「もっともだ」と思わないことは聞き流してます（笑）。むしろ私は、ジェンダーロールを刷り込まれて育ってきた人が、人生の途中で「ん？ おかしい、なんだこれは」と思うようになることに尊敬の念を抱きます。私の場合、その過程は母親や祖母が先に通って悩んだり苦しんだりした分、一つ楽しているわけなので。

■描きたい漫画を描けなかった時代

アル：楠本さんはどんな漫画作品が好きでしたか。

楠本：手塚治虫作品ですね、全ての礎は。幼少期に出会った『リボンの騎士』が大好きでした。昔はそんな言い方もなかったですが、手塚漫画にはジェンダーフルイド（性自認が流動的であること）なキャラクターが頻出するんですよね。まあサファイヤは家父長制の被害者で、自らフルイドと認識していたわけではないですけど。ちなみに「中ピ連」（「中絶禁止法に反対しピル解禁を要求する女性解放連合」の略称）という言葉も手塚漫画から学びました（笑）。少女漫画は小学校に入って『ベルサイユのばら』を読んで、はまりましたね。

アル：『ベルばら』は『人間はその指先1本、髪の毛1本にいたるまですべて神のもとに平等であり自由であるべきなのだ』というオスカルのセリフが、フェミニズムという言葉を使わずにフェミニズムを描いてますよね。また貴族と平民という差別構造も描いていて、私も子どもの頃にドハマリしました。

子ども時代を振り返ると「学園恋愛モノ」が人気でしたが、私は恋愛メインの作品にはハマらなくて。もともと『ジョジョ』や『北斗の拳』のような少年漫画が好きだったし、『日出処の天子』『天上の虹』のような歴史漫画も好きでした。

『BANANA FISH』『動物のお医者さん』『有閑倶楽部』にもハマりましたね。

『BANANA FISH』は夢小説まで書いてました、月遠小夜（つきとおさや）という中二っぽいペンネームで。

楠本：読者は結構昔から多様なものを求めていて、ヒットもしているのに、送り出す側ではなぜか「身近な恋愛モノでないと人気が出ない」という思い込みが強かったのかもしれないですね。

アル：たしかに。今はXでバズるとか、pixivで人気が出てデビューとか、多様な作品が生まれやすいかもしれません。

楠本：80年代の終わり頃はまだ「少女漫画は読んでもいないし、好きでもないが、たまたま配属先が少女漫画だった。わからないながら仕事なのでヒット作を出したい」という感じの編集者も多くて、一緒にいい作品を作っていくっていう雰囲気はあまりなかったですね。

アル：当時は少女漫画誌の編集さんも男性が多かったんですよね。池田理代子先生が、インタビューでこんな話をされてました。

『1972年、24歳の時に『ベルサイユのばら』の連載をスタートさせました。

あれからもう50年なんてね。（中略）その頃の日本は完全なる男社会。編集部も男性ばかりでした。『ベルばら』にしても、当初は「おんな子どもに歴史ものなどウケない。理解できるはずがない」とひどい言い方で全否定されて。女性漫画家への風当たりも強く、原稿料は男性の半分。同じ媒体で、同じくらい人気があってもです。理由を尋ねると、「女は将来結婚して男に食わせてもらうんでしょう？　男はあなたたちを食わせなきゃいけないの。ギャラが倍なのは当たり前」と言われました。すごい時代ですよね』

楠本：性差別そのものですが、おそらく多くの作家は原稿料についてあまり話さないので、今もどこまで改善されているのか、よくわからないし、私も知らないです。というか、『ベルばら』、週マ（週刊マーガレット）ですよね！　私が『KーSS×××』を連載していた頃から15年くらい前の話？　衝撃です。池田さん達がこうして対峙してくれたおかげで変わってきたんでしょうけど……。今は女性の編集者も編集長も増えてきているので、それによってどのように変化しているかも知りたいですね。

アル：楠本さんもデビュー当初はなかなか合う編集さんに当たらなくて、「週刊マーガレット」をやめようと思った時に、「好きに描いてください」と言ってくれる編集さんと出会ったんですよね。それで『KISS××××』を描いたら大ヒットして、そこから好きに描けるようになったと。

楠本：割と冷めた高校生だったので（笑）、商業誌である以上、その雑誌で受けるようなものを描かなければ載せてもらえないのはある意味当然だろうと思っていました。でも売れたら好きなものが描けるはずだから、とりあえず売れよう、本当に描きたいことはそれから描こうと思ってましたね。でもさすがにその状態も続くと苦しくなって、もういいや、やめよう、と思った時に「描きたいものを描いてください」と言ってくれる編集さんに出会えて、描きたいもの全部を込めて描いたら、雑誌のアンケートで1位を取るようなことはなかったんですけど、単行本が売れて……。

アル：本当に売れてよかったです……!!

■あなたはフェミニストですか？

アル：『赤白つるばみ・裏』（集英社）で「あなたはフェミニストですか？」と質問しているであろう場面がありますよね。由良ノ介が「ひっかけ問題？」と返して、フェミニストなのって当然でしょって感じがすごくよかったです。スウェーデンに住む友人も「ジェンダー平等であるべき、というのは社会の共通認識になってる」と話してました。

楠本：日本ではそういう人はまだ少数派ですけど、これから増えることが予感できるキャラクターを、特別な感じではなく、あっさりと描こうと思って描きました。だから今の段階では「由良ノ介、絶対モテる」って感じのキャラクターですけど、10年後には、普通のことを言っているだけの好青年、くらいになっているかもしれません。

アル：由良ノ介は絶対モテますよね。由良ノ介がどんどん増殖してほしいです。『線と言葉』中の対談では、こんなふうに話されてますよね。『最近私が「フェミニストになった」というような悪口っぽいことを言われることがあって、失敬だな、と思うんですけど（笑）。物心ついた時にはフェミニストでしたよね。フェミニストじゃないと思われていたことが心外です。ついでに「フェミニスト」は悪口にならない、という前提にそろそろ立って欲しいですね』（イギリスでもフェミニストだって言いにくい雰囲気はあるんですか？　と聞かれて）『いや全然ないですよ。「私はフェミニストじゃない」って言う方が勇気がいるんじゃないでしょうか。びっくりされると思いますね。「それはどうして？」って』

楠本：イギリスでは、男性が公にフェミニストを名乗るのももはや珍しくないので、ましてや女性が「自分はフェミニストじゃない」というのは、もう余程何か特別な理由でもあるのでは？　という感じがありますね。まあ、人にもよりますし、あまり親しくない人にだったら敢えて何も言わないでしょうけど。

もし今でもフェミニストであることを理由に揶揄や攻撃の対象になる風潮が強ければ、名乗るのを避けるかもしれません。個人の問題じゃなくて社会の問題ですよね。

アル：パーソナル・イズ・ポリティカル（個人的なことは政治的なこと）ですね。女性への抑圧や同調圧力が強い社会だと、フェミニストと言えないのもよくわかります。

私は中高生に授業をする時「フェミニズムとは『性差別をなくそう』って考え方です」とシンプルに説明してます。「だから、フェミニスト＝性差別に反対する人。その対義語はセクシスト（性差別主義者）」と話すと、「自分はセクシストじゃない、だったらフェミニストかも」とか「自分もフェミニストだと気づきました」と感想をくれるんですよ。
楠本：その定義はシンプルでいいですね。まだ自分の中でよくわからない時に無理に名乗らなくてもいいけれど、セクシストではありたくない、と意識することは第一歩だと思います。
アル：『線と言葉』では『偏見や差別に気づいたら、なくそうとするのは最低限の社会的合意だと思っていたんですが、このところ偏見や差別をなくすことが良いか悪いかという話まで後退しているのを見るとさすがに危機感を覚えます』とも話されてます。
　日本がジェンダー後進国なのはイギリスでも知られてますか？
楠本：正直、何か日本に関わりのある人以外、みんなそんなに日本に興味を持っていないし知らないというのが現状です。だから女性閣僚の数の少なさとかをニュースの画面などで知った時に「えっ……本当に？」という感じで驚かれます。「イギリスも30年くらい前まではそんな感じだったから、そのうち進むわよ！」って励まされたりするんですけど、30年待ちたくないなーって（笑）。このままだと30年後も怪しいですけどね。
アル：その前に寿命が尽きてしまうかも、私たちはゾウガメじゃないので。ヨーロッパの国々も元からジェンダー平等だったわけではなく、ここ20年ほどで一気に進んだんですよね。他国が性差別をなくすために努力する中、日本は置いてきぼりナウな状況です。

楠本：私の母はウーマンリブ（日本では1970年代の女性解放運動）ど真ん中の世代だったのですが、今ジェンダー平等の進んでいる国ではその世代のフェミニズムが、さらに第三波、第四波へと受け継がれ、発展して、その結果今があるんですよね。

アル：ようやく日本でも「叩かれてもフェミニストを名乗ってやる！」という女性が増えてきました。「私はフェミニストじゃないけど、性差別には反対です」と前置きするのはダサいよね、みたいな空気も感じます。約30年前は田嶋陽子さんがテレビで「セクハラをやめろ」と言っただけで、男性出演者が「女はバカだから」「自立してる女性に失礼」とかクソリプして、それに田嶋さんが反論すると〝ヒステリックに怒る女〟と揶揄されました。田嶋先生は当たり前のことを言ってただけなのに。

楠本：それをエンターテインメントとして笑うっていうところまでセットで最悪でした。

数年前にフェミマガジンの「エトセトラ」が、「We Love 田嶋陽子！」って特集号を出して話題になりましたね。あれは本当に良かった。あれで田嶋陽子が正当に再評価されて、みんな薄々思っていた「田嶋さんの言ってることの方が正しかったよね」っていうのを口に出すようになりましたよね。北村紗衣さんの「田嶋陽子を取り戻す」というエッセイのタイトルが秀逸で、まさにそれだと思いました。Reclaim 田嶋陽子。アルテイシアさんも田嶋さんとの対談本を出されましたよね。

アル：対談本でも話してますが、田嶋先生はテレビに出てバッシングされていた当時、胃が痛くておかゆしか食べられなかったそうです。実はすごく繊細な人なのに、フェミニズムを広げるために矢面に立ち続けたんですよね。

楠本：想像を絶するというか、想像に難くないというか……。昔田嶋さんと共演していた人でいうと、大竹まことさんは随分変わりましたよね。深澤真紀さんが出ている時など『ゴールデンラジオ！』をたまに聴くんですけど、とてもいいふうに変わられていて。全ワタシに大人気です（笑）。ただ番組内で「ご主人」「主人」が頻用されるのが、精神的にすり減らされるので、体調が良くないと聴けません。

アル：パートナーの呼び方問題にモヤる人は多いですよね。私は「主人」と聞くと「主人!?」とびっくりするようにしてます（笑）。

楠本：多分相手もびっくりするので（笑）、それはいい反応ですね。

アル：「主人」は主従関係を表す言葉だから、ギョッとしますよね。丁寧語のつもりで使ってる人が多いのかも。私の周りは「夫さん・妻さん・お連れ合い・パートナー」って言う人が多いです。

楠本：『赤白つるばみ・裏』の中で、登場人物の会話に、「ご主人」に代わる言葉として「お連れ合い」を使うか、でもそれも時代がかってない？　っていう葛藤を描いたのが2018年で。『「お連れ合い」「お連れ合い」言ってれば気にならなくなるよ』って希望込みで描いたんですけど、私自身も普段「お連れ合い」を積極的に使うようにしていたら全く気にならなくなって（笑）。こう、担当編集さんと「お連れ合いのお加減は」とか話していると、むしろ風情があるくらいな。慣れってすごいなって思いましたね。『赤白・裏』で描いた数々のイシューは、古くなって通用しなくなればいい、と後書きでも言っていたんですが、これが一番最初に古くなるかもしれませんね。

■アーティストが社会に物申さなくてどうする

アル：学校で授業する際には、トランプ政権下でアジア人に対するヘイトクライムが増えたことなどに触れて「差別は人を殺す、差別を許す社会は私たちも殺される社会なんだよ」と話してます。

楠本さんはイギリスに暮らして人種差別を感じることはありますか。

楠本：並んでいて順番を飛ばされるとか、「え？ 今の何？ でも気のせいかも？」と思うようなことがたまにありますね。透明人間になったような感じ。ただ、そんな場合も大体周りの人が「いや、この人の番です」と、淡々と言ってくれることが多いです。直接自分に向けてでなくても人種差別は、それはいっぱいありますよ。ここ数年特に警察組織のレイシズムとミソジニーが、大きな問題になっています。それを受けて去年ロンドン警視庁のトップが辞任しました。女性の警視総監だったんですけど。

アル：イギリスも人種差別や新自由主義による格差拡大など、問題はたくさんあると思うのですが、日本から海外に出た女性たちは「空気のように人種差別を感じることはあっても、女性差別を感じる機会が激減したので生きやすくなった」

と言いますよね。

楠本：妊婦やベビーカーへの風当たりが強いとかはイギリスでは考えられないです。

アル：日本ほど子連れに厳しい社会はない、という話もよく聞きますね。楠本さんは元々イギリスが好きだったんですよね。

楠本：イギリスのポスト・パンク、ニューウエーヴ系の音楽や映画が好きで。最初はちょっと住めるか試してみようという気持ちで行き来していたので、「移住しよう」という意識はほとんどないまま「移民」になっていました。「どこにも属さない」というふうには人は生きられないんだなと。移民として生きることの苦労や、何かをきっかけに強制的に帰されるかもしれないという恐怖は多少なりとも実感としてわかります。日本にいると自分がマジョリティ特権を持っていることを意識せずに暮らせてしまいますし、世界の流れと比べて客観的に見る機会も少ないですよね。

アル：『線と言葉』では『様々な偏見は「学び落とす」（ｕｎｌｅａｒｎ）ことが大切』『異なる文化の人に混じると、「この考え方は気づいていなかったけれど自分の偏見だった」という発見があるので、ロンドンに来たことは良かった』という言葉も印象に残ってます。

楠本：日本で普通と思っていたことが全然普通ではなくて驚く、ということはいまだにあります。良いことも悪いことも、ニュートラルにただ違うってことも。

イギリスではここ最近賃上げを求めるストライキが多いのですが、医療従事者や、鉄道や郵便局がストライキをするとすごく不便、というか、本当に生活に支障をきたすんですけど、市民は労働者側に立つんですよ。ストをする側じゃなくて経営者側に怒るんですよね。ちゃんと給料上げろよって。そういうところは本当に羨ましいなって思いますね。

アル：羨ましすぎて吐きそう（笑）。日本では「迷惑かけるな」「賃上げすると企業が困る」と謎の経営者目線で叩く人が多いですよね。まともな民主主義教育や人権教育をしてないことが原因だと思います。北欧の国々でもストライキやデモに参加するのは普通のことだし、学校や就活においてもプラスに評価されるそうです。「政治や社会問題に関心を持ってコミットするのは良いこと」なんですよね。

楠本：あとイギリスでは個人が政治的に「中立」であるよう振る舞わなければ、というようなプレッシャーはなくて。まして表現者が「自分は中立」などというのは、何も考えていないことの表明と同等くらいな感じで、割と恥ずかしい。日本でもよく知られているようなバンドでも、日頃から政権批判するなんて珍しくもないです。そもそもパンクとかロックが体制に阿《おもね》ったらファンもしらけますしね。

アル：それこそ、アーティストが社会に物申さなくてどうするのか。私は学校の授業で「教室でいじめがあるのに、自分は中立だといって周りが何もしなければ、いじめっ子はやりたい放題できる。それはいじめに消極的に加担してることになるよね」って話してます。権力勾配があるのに「中立」というのは、権力寄りってことですから。

■『それは少女に対する裏切りではないか』

アル：『赤白つるばみ・裏』で漫画家の谷崎先生が口にする『ガーマ（架空の少女漫画雑誌）はジェンダーバイアスのかかった作品が結構多いのでそういうのは全滅するといいなって思います』ってセリフには感動しました。ご自身のｎｏｔｅでも『少女漫画は、もっと少女の考え方や生き方を自由にするものでなければ、それは少女に対する裏切りではないか』と書かれていて涙が出ました。『KISS××××』のかめのちゃんは自分を卑下することもなく、うじうじ悩んだりもせず、男の子に尽くさず、女子力アップも目指さず、自由に楽しく生きている。少女漫画のステレオタイプなヒロインとは全然違って、かめのちゃんみたいになりたい人生でした（笑）。

4年ほど前に若い女性漫画家さんから聞いたんですが「パワフルな女の子と泣き虫の男の子のストーリーを描きたい」と言ったら、編集者から「そういうのはウケないから、男の子を強くして女の子を守らせて」と言われたそうです。

楠本：どういう作品を読者に届けたいかというのは編集部の姿勢であり矜持ですよね。私は出版に希望を持っているので、過去にウケたものの後追いや二番煎じに甘んじず、自分たちが読者や社会を牽引していこうという姿勢を期待します。当然ジェンダーに関してもです。そういう姿勢を打ち出している小さい出版社も増えていますよね。

アル：ハフポストのインタビューでは、既にバイアスのかかった状態で漫画家が自分で気づくのは難しいだろうから、どちらかというと編集に気づいてほしいっておっしゃってましたね。私が10年以上担当してもらってる編集さんも、私以上につよつよのフェミニストで「この表現は変えた方がいいかも」と率直に意見をくれます。自分一人だと気づけないこともあるので、忖度せず言ってくれる存在はありがたいですよ。

楠本：バイアスって気づけないからバイアスなので。編集部内ジェンダー勉強会、プラス参加したい作家も参加できる、というようなものがあるとなおいいですよね。女性男性ノンバイナリー問わず受講したい人は多いと思います。みんな忙しいからオンラインで（笑）。そもそも何がジェンダーバイアスなのかわかっていない人ほど「取り締まられる」と身構えたり、不安に思ってしまうんじゃないかなという気はします。

アル：よくわかってない人ほど「面倒くさい」「ポリコレだ」とか反発しますよね。「自分は時代遅れなのかも」という不安もあるのかもしれません。

楠本：今はまだ作家・編集者個人個人の意識や理解だけに頼っている状況なので、業界全体の意識の底上げができれば、送り出す作品のクオリティも自然と上がるんじゃないでしょうか。私自身も、女性差別については当初から意識があったので、その点に関しては過去作を今読んでもだいたい耐えうるんですが、他の側面では至らない部分もやっぱりあります。あの時編集者が止めてくれていたら……って思いますが、手遅れなので受け止めるしかありません。

アル：私は自分の過去作を読み返すと、頭を抱えて落ち込みます（笑）。でも人はみんな間違えるし、みんなアップデートの途中だから、間違ったら反省して改善することが大事だよね、と自分にも言い聞かせてます。

楠本：大抵の人は初めから完璧ではないし、成長しますからね。

幸運にも電子版や愛蔵版として過去の作品を出し直す機会があり、点検して今の目で見てこれはないな、という部分は、編集者や校閲者にも確認してもらいつつ削除したり、自分の言葉で断り書きを入れたりするんですけど、自分のダメなところを見つめるのはやっぱり苦しいです。でも、それをうっかり見せられる方はもっと嫌だろうし、ただ機械的に削除して終わりにすることや、一律に「制作された時代を鑑みてそのままとしました」とだけ入れるのでは、少なくとも自分が生きているうちは誠実ではないと思って。

アル：BTSはかつて女性蔑視的な歌詞や発言を批判されて、それに対して真摯に謝罪して、新曲の歌詞をジェンダー研究者にチェックしてもらってるそうです。アーティストを守るためにも、そういう第三者チェックはあった方がいいんじゃないかと。私でよければ50円でやりますよ（笑）。

楠本：それではやりがい搾取なのでちゃんと相応の対価をいただいた上でやってください（笑）。

出版業界の場合はその役割は校閲が担っていると思いますが、校閲者のジェンダー解像度も人によって、結局は個人任せの部分が大きいように思います。漫画で校閲まで入れることもあまりないかもしれません。それを踏まえてですが、校閲の指摘を受け、編集部、最終的には作家が判断します。作家も、そこはバイアスではない、表現しなければならない、ということであれば、闘ってでも描いて欲しいし、闘うためにはジェンダーに関する理解や知識も必須です。そしてその時は編集者も全力で作家をサポートして欲しいですね。無自覚に垂れ流すこととは全然違いますから。

アル：膝パーカッションです！　ジェンダーの呪いを再生産しないことは大人の責任ですよね。それをみんなもっと本気で考えて欲しい。

■本来の意味の表現の自由

アル：こういう話をすると「表現の自由ガー」とトンチキ発言が飛んできます。

表現の自由は批判されない権利ではないし、批判するのも表現の自由なのに。むしろ批判する側が嫌がらせや脅迫を受けたりして、口を塞がれてますよね。

楠本：そうですね、実感として「ジェンダーバイアス」の意味すらほとんど理解されていなかった2019年にはトンチキ度ものすごかったですが、今はカウンターになって一緒に「そんな話はしていないが」と言ってくれる人も増えているように感じます。

全ての根底には、言葉が軽んじられているということがあると思うんですよ。差別を都合よく正当化するためや、何も考えたり判断したりしないことの大義名分として濫用される、カッコ付きの「表現の自由」から、私たちが大切にしている本来の意味の表現の自由を取り戻したいですね。

アル：私もBTSの歌詞チェックのことをコラムに書いたら、「検閲だ!」とコメントが来たんですが、「検閲」とは公権力が主体となって行うことですよね。政権が自分たちに都合の悪いことを書いてないかチェックするようなことで、BTSが自発的にチェックをお願いしてるのとは全然意味が違う。せめて言葉の意味を調べてから批判しろよと思います。

楠本：「差別すんな」って話をしてるところに「差別したい人の多様性の否定だ」

と言われても、多様性とはそういう文脈で使える言葉ではないですよ、テストで書いたら0点です、というようなことですね。

アル：「そもそも差別が多様性の否定なんだよ！」と暴れたくなります。最近は一般の人々が声を上げるようになったことや、炎上すべきものが燃えるようになったことは前進だと思うものの、一部の女性叩きの激化はひどいですよね。

楠本：イギリスにもインセル（不本意な禁欲者。強い女性蔑視、憎悪の考えを持つオンラインコミュニティーのメンバー）カルチャーなんかはあるようなんですけど、少なくとも表立って女性蔑視発言をするのは恥ずかしいという共通認識はあって、ミソジニーは社会から厳しく咎められるので、日本の空気感とは違いますね。

アル：スウェーデンに住む友人も同じことを言ってました。アンチフェミやインセルもいるだろうけど、本当にごく一部の隠れた存在であって、堂々とフェミ叩きやミソジニー発言をしようものなら軽蔑されるって。

日本だと「性差別をなくそう」という話以前に、性差別があることから説明が必要な場面もよくあって疲れます。医大の入試差別とか、管理職や政治家の女性割合とか、男女の平均年収の差とか知らないの？　って思うんですけど。

楠本：そうそう、自分が差別される側じゃなかったとしても、そんな世の中は嫌じゃない？　って。

アル：スウェーデンでは保育園からジェンダー教育や人権教育をするうえ、SNSに差別的な投稿をしたら停学になるといった罰則もあるそうです。個人のモラルに頼るだけじゃなく、ちゃんと差別を禁止してるんですよね。一方、日本は差別に対するブレーキがなさすぎてヤバイですよ。

楠本：ネットを見てると地獄のようですが、現実の社会ではどうなんでしょう。

アル：Xやヤフコメの外はそこまで地獄じゃないな、とは思います。現実世界で出会う若者はジェンダー意識や人権意識が高いですね。たとえば同性婚についても20代は賛成が9割を超えてますから。男子校で性暴力について話すと「自分も見て見ぬふりをしたくない」「アクティブバイスタンダー(行動する傍観者)になります」と感想をもらって希望を感じます。

楠本：それは本当に希望ですね。

アル：ただ「女性差別なんてまだあるの？」とピンとこない人も多いし、アンコンシャスバイアス(無意識の偏見)に気づかない人も多い。ジェンダーやフェミニズムに興味がない人にも、漫画は広く伝える手段として影響力が大きいですよね。
授業では『赤白つるばみ』や、よしながふみさんの『大奥』『愛すべき娘たち』、やまじえびねさんの『女の子がいる場所は』などをよく勧めてます。

楠本：今後はごくフツーにフェミニストの漫画家が、ごくフツーにフェミニストの編集さんと、タッグを組んで世に送り出す漫画がもっと増えていくといいなと思います。

アル：漫画界もそうだし、全ての業界にフェミニストたちが爆誕してほしい。そしたら社会が変わりますよね！

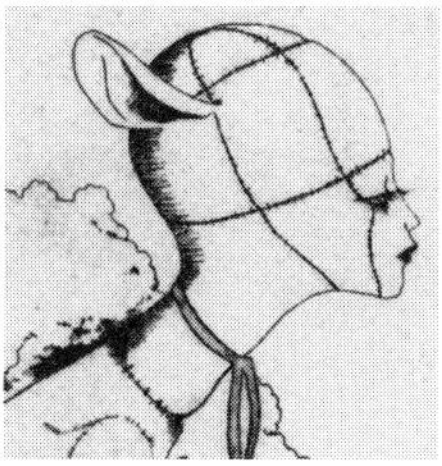

楠本まき

1984年「週刊マーガレット」にてデビュー。お茶の水女子大学哲学科中退。

代表作に『KISSxxxx』『Kの葬列』『赤白つるばみ』(すべて集英社)、2021/22年に京都と東京で開催された展覧会関連書籍『線と言葉　楠本まきの仕事』(Landschaft)等がある。楠本まき愛蔵版コレクション『Kの葬列』『KISSxxxx』『致死量ドーリス』『T. V. eye』(すべて小学館クリエイティブ)発売中。

――コラム――

私の中にいる少女

高校生の自分に「将来、楠本まきさんと対談するよ」と言ったら「嘘つくな！」と張り倒されるんじゃないか。『ホットロード』寄りの家庭環境にいた私は暴走族とは無縁だったが、たいそう荒れていたので。

当時の私は母みたいになりたくないと思っていた。ではどんな大人になりたいかと聞かれたら「K―SS×××に出てくる人たち」と答えただろう。彼らは自由に生きていて、その世界にいる時は楽に息ができたから。

私は楠本さんのエッセイ漫画も大好きで、こんなかっこいい大人になりたいと憧れていた。今回（パソコンの画面越しだけど）ご本人とおしゃべりして「イメージ通りや……」と密かに震えた。楠本さんはかっこよくておしゃれで聡明で優しくて、中高年になった私にとっても憧れの大人だった。

出版界の片隅にいる後輩として「フェミニストじゃないと思われていたことが

心外です」と言ってくれる先輩の存在は心強い。「少女漫画は、もっと少女の考え方や生き方を自由にするものでなければ、それは少女に対する裏切りではないか」という言葉には涙が出た。私の中に今もいる「漫画好きの少女」が泣いていたんじゃないか。

子どもの頃から漫画が好きだったけど、男女の胸キュン恋愛ストーリーには興味を持てなかった。そんな自分は何か欠けているのかな? と思ったりもしたが、男女の恋愛関係に権力勾配を嗅ぎとっていたのかもしれない。男に選ばれるのが女の幸せ、だからそのために努力せよ、というメッセージに違和感を抱いていたのかもしれない。お金持ちのお坊ちゃんに見初められて結婚した母の不幸を見ていたことも影響したのか。

漫画好きの少女は絵の才能がないことに気づき、作家になりたいと夢見るようになった。小学校の卒業アルバムには「アガサ・クリスティーみたいなミステリー作家になりたい」と書いている。当時は海外ミステリーにハマっていて、女の子の怪盗グループが活躍する物語を書いていた。

でも高校生になる頃には「作家になんてなれっこない、そんなに甘い世界じゃない」とみずから翼を折っていた。

大学生になると日本は就職氷河期に突入していた。どうにか就職した会社がセクハラパワハラのセ・パ両リーグでつらすぎて、この地獄から逃げたい、結婚して安定したい、と婚活に血道をあげるようになった。

「男に選ばれるのが女の幸せ」という価値観に抵抗してきたのに、やっぱりそっちの方が楽なんじゃ？　と流される自分に「つまらない大人になっちゃったな」と絶望していた。人生の一番の地獄は自分で自分を裏切って大嫌いになることだ。

そんな地獄の一丁目一番地でもがきながらも、消えない光のようなものがあって、だからいま作家をしているのだろう。アガサ・クリスティーには1ミリもかすってないけど。

そのかすかな光が消えなかったのは、少女の頃に好きだった漫画や小説のおかげかもしれない。家庭が戦場だった私にとって、漫画や小説が避難場所だった。何度も死にたいと思ったけど「あの漫画の続きを読みたい」と思って死ぬのをやめた。

そんな少女が今もいっぱいいるはずだ。だから私も少女を裏切りたくないし、かつて少女だった自分のことも裏切りたくない。

「どういう作品を読者に届けたいかというのは編集部の姿勢であり矜持ですよね。私は出版に希望を持っているので、過去にウケたものの後追いや二番煎じに甘んじず、自分たちが読者や社会を牽引していこうという姿勢を期待します」

楠本さんのこの言葉に背中を押される作り手は多いだろう。似たような作品しか売れないんだよ、とボヤいて易きに流れてばかりじゃいけない。自分たちには文化を作る責任があり、エンタメにこそできることがあるのだと。

10年前、私がフェミニズムについて書きたいと出版社に企画を出しても「そんなの売れない」と見向きもされなかった。でも今は「フェミニズムについて書いてほしい」と依頼が来る。ジェンダーやフェミニズム関連の作品が話題になり、フェミニズムに特化した書店や出版社も生まれている。

その変化に希望を感じる一方で、編集さんから「フェミ本の企画を出しても通らない」といった話も聞く。彼女は決定権のあるおじさん上司から「映画『バービー』も日本では爆発的ヒットはしなかったし、まだ波が来てないんだよ」と言われて「波を起こすのが私たちの仕事では!?」と怒っていた。

その上司をバービーワールドに左遷したいが、彼女のように男社会で闘う女たちがいっぱいいる。日本の女性は世界一怒らないとか言われているが、「#私たちは寛大すぎる」というハッシュタグが広がったように、怒って声を上げる女は今も昔も存在した。男たちがその声に耳を貸さなかっただけだろう。

第四波フェミニズム、SNSを使った新しいフェミニズムの時代と呼ばれるように、ようやく女たちの声が届き始めた。フラワーデモ、KUTOO、#わきまえない女……など、小さな声が集まって大きな声になり、政治や社会を動かしている。

タピオカブームは三度も経験したけど、フェミブームをリアルで体感するのは初めてだ。この空気を吸って育つ子どもたちが大人になる頃には、由良ノ介みたいな青年が多数派になっているかもしれない、そんな希望を抱いている。なにより楠本まきを好きだった少女が大人になり、今も好きだと言えることに希望を感じる。楠本さん、これからも憧れの大人でいてください。

3

「『それって女性はいつもだよ』と言われて、ハッとしました」

津田大介

■特殊な家庭環境で生まれた視点

アル：以前、津田さんの『ポリタスTV』にオンライン出演させてもらいましたが、リアルで会うのは初めてですね。今回は自身のジェンダー観に与えた影響や、男らしさの呪いの話など、楽しくおしゃべりできたらと思います。

津田さんは『ポリタスTV』でも、ジェンダーやフェミニズムに関するテーマを扱ってますよね。家庭環境がジェンダー観に与えた影響はありますか？

津田大介（以下、津田）：うちの父は1942年生まれで、大学時代に学生運動の道に入り、そのまま就職せず社会党系の政治組織に入り、労働組合の専従（従業員でありながら労働組合の活動に専念する人）や国会議員の秘書などをしてたんです。いろいろな仕事をしていましたが一言で言えば「活動家」ですね。

母は1944年生まれで、高校卒業後に国立大学の職員——公務員になりました。両親は労働運動を通じて知り合って結婚し、共働きだったのですが、仕事的に不安定な立場の父と安定した立場の母という夫婦で、必然的に家計の主は母だったんですよね。両親の出会いは労働運動ということもあり、よく議論してました。対等に話してよくケンカもしている家庭で育ちました。

アル：母親に経済力があることは大きいですよね。ただ夫婦が対等に稼いでいても家事育児は妻に負担が偏ることが多いですが、津田さんの家庭はどうでした？

津田：うちは父が家事を担ってました。ただ、それには特殊な事情があって。僕が小学校に入ったばかりの頃に母が職場で大怪我をしたんです。棚の上から重い荷物が落ちてきて、首に直撃するという事故だったんですが。

それで母はむち打ち症になり、当初は時短勤務が認められていたのですが、その後職場から通常勤務を命じられ、納得できないということで職場を相手取って労災の裁判を起こしました。

母は長期にわたって体調が悪く、僕が学校から帰ると寝たきりの状態になっていることも多かったんです。それもあって母の体調が悪い時は父が家事全般を担っていました。父は今年で81歳ですが、その世代の男性では珍しいことですよね。特殊な事情があったにせよ、そういう家庭環境が僕の性別役割分業意識に影響は与えていると思います。

アル：たしかに。我々世代は両親を見て「家事育児は女の仕事」と刷り込まれてますよね。男性は特に「自分の親父に比べたら俺は家事育児を『手伝ってる』のになんで文句言われなきゃいけないの？」みたいな感覚の人が多いなと。

津田：そうですね。母の体調が悪かったので、僕も妹もある程度小さいころから家事はやってて、今でいうヤングケアラーでもありました。母が全然出勤できず父の仕事も決まらずみたいな時は経済的にも厳しく、夕飯のおかずがジャガイモを炒めたものしか出てこないなんてこともありましたね。「あっうちって貧乏なんだ」って。

アル：そんな大変な状況で、裁判も戦ってたんですよね？

津田：母の裁判は結局提訴からまる10年かかりました。国立大学が相手方なのでそうすると国相手の国家賠償訴訟になるんですよ。国賠訴訟で勝つのは難しく、最高裁まで行きましたが結局敗訴で終わりました。小学校低学年から高校生になるまでずっと親が国を相手取って裁判していたということになりますね。この経験が自分がいまの仕事に就いた原点になっていますし、政治的な態度を規定しているようにも思います。

■不合理な校則や体罰、ホモソ地獄

アル：私が1976年生まれで津田さんが1973年生まれで、同世代ですよね。私は女子校から共学の大学に進んだ時、男子たちのホモソーシャルなノリに衝撃を受けました。体育会系の男子たちがオタクっぽい男子をからかったり、プロレス技をかけたり、集団で弱いものいじめをしてたんです。私も見た目イジリやセクハラをされて傷つきました。私たちの学生時代はそういうノリにイヤでもイヤと言えない地獄みが強かったですが、津田さんはどうでしたか？

津田：僕の出身地である東京都北区は23区の中でも世帯年収がワースト5に入るようなところなので、それなりに荒れてましたね。中学時代はヤンキーが周りにたくさんいましたし、近所のコンビニで暴走族が集会やったりもしてました。校則は厳しいし教師は殴るし、学校が大嫌いでした。

アル：当時は日本列島にヤンキーが多数生息してましたよね。教師が生徒を殴るのも当たり前で、子どもに人権がない野蛮な時代でした。

津田：中学は野蛮だったけど、高校は全然違ったんです。僕が進学した板橋区の都立北園高校は制服や校則が一切なくて、教師が生徒を一人前の人間として接する、素晴らしい学校でした。

アル：おお～野蛮な世界から民主主義の世界に脱出できたんですね。

津田：はい。これは自分がジェンダーの問題に関心を持つようになったあとにわかったことですが、その高校ではいわゆる「ホモソノリ」もあまりなかったんですよね。イケイケの体育会系男子や女子とよく遊んでるグループはいるんだけど、オタクグループやガリ勉の生徒もいて、それらが自然とクラスター化していた。そのクラスター同士がお互いに干渉せず、ちょうど良い距離感があったんです。端的に言うと「スクールカースト」のようなヒエラルキーや、いじめがなかった。

アル：わかります。私の通った女子校もグループは分かれていても、ヒエラルキーはなかったと思います。優等生もギャルもオタクも平和に共存している感じでした。母校はアメリカ人宣教師の女性が作った私立の女子校で、校則も制服もなくて、びっくりするぐらい自由でした。春夏秋冬同じジャージで通学する子もいれば、パーマにピアスのギャル系もいて、奇天烈なシノラーファッションの私もいて（笑）。そんな多様な女の子たちがみんなで木に登って柿をもいで食ったりとか、猿っぽい青春でした。

津田：それは平和ですね（笑）。

アル：毒親育ちの私は家が戦場だったので、学校が避難所みたいな感じでした。不合理な校則のない学校はいじめが減るという調査や、体罰を禁じることで若者の暴力性が劇的に減るという調査もあります。ストレスの強い環境だと「弱い者がさらに弱い者を叩く」状態になりがちですよね。

津田：そうですね。ただ北園高校は良い学校でしたが、当時の男女比は2対1くらいでした。男女別定員制によって性別で合格ラインが変わって、女子の方が30点くらい高かった記憶があります。だから明らかに女子の方が学力的にも優秀でしたし、人格的にも大人でしたね。当時も違和感はあったものの、「これは差別だから是正すべき」とまでは考えが至らなかったです。

アル：頭にくるのが、男子の定員が多い場合は文句を言わないのに、女子枠をたった3割設けるとか言うと「女性優遇」「逆差別」と叩く人々がいることです。差別があるから是正しようという話なのに、理解できてないのか、マジョリティの自分の下駄を脱がされるのが嫌なのか。

医大の不正入試が発覚した後、医学部の合格率が初めて男女逆転したというニュースを見て、どれだけの女の子が夢を潰されてきたのかと涙が出ました。入試は点数だからわかりやすいだけで、ほとんどの企業が性差別をしてきたわけです。人事の仕事をする友人たちは「性別問わず採用できるなら8割女子になる」と言います。でも実際には優秀な女子が落とされて、いまだに新卒の8割が男子といった企業も珍しくない。

津田：以前は就活での性差別がもっと露骨でしたよね。僕は1997年に就活をしていて、マスコミ志望だったんです。資料請求すると大学別の分厚い冊子が届いて、同じ学部の男女で厚さが男性の方が5倍くらい厚かったけど、当時は「女性は大変だな」という意識で止まってて、積極的に是正しなければいけないとまでは思っていなかった。

アル：若い方は「平安時代かしら」と思うでしょうが、かつては就活の資料が紙だったのじゃよ。私は共学の大学に進学して、男尊女卑にぶん殴られました。女子校では「自分の意見をはっきり言おう」と教育されたのに、大学ではっきり意見を言うと「女のくせに生意気だ」「出しゃばるな」と男子から叩かれて。「賢い女はムカつく、女はバカな方がいい」と堂々言ってのける男子もいて「この世界は地獄だ」とアルミン顔になりました。津田さんの大学時代はどうでしたか？

津田：高校があまりに楽しすぎて先生も「勉強しろ」とか一切言わない、でもギリギリ進学校だったので、生徒の7割が浪人するんですよ（笑）。ご多分に漏れず僕も一浪して何とか早稲田大学に入ったんですが、全然大学に馴染めなくて。その頃は家庭もいろいろ大変で、音楽をやりたいけどバンドサークルで盛り上がる気持ちになれず……鬱屈してましたね。

アル：バンドやろうぜ、ウェーイ！　みたいな気分じゃなかった。

津田：なかったですね。でも新歓の時期に「多重録音芸術研究会」というサークルに出会いまして。

アル：そういうのもあるのか。井之頭五郎みたいな顔になってますけど。

津田：（笑）。メンバーがそれぞれ宅録――あ、これは「自宅録音」の略です。家で音楽を作ってそれを1ヵ月に1回「鑑賞会」という活動で発表し合って、お互いに批評し合うという暗いサークルなんですけど、音楽活動より飲んでしゃべってる方が多かったですね。でもそれがすごく楽しかったんです。その頃、日本でも盛り上がりつつあったクラブカルチャーにも近いサークルで、普通にサークルメイトにセクシュアルマイノリティーもいました。セクシュアリティについて自然に話せる環境にいたので、知らないがゆえの偏見は小さくなったのではと思います。

アル：就職してからはどうでしたか？

津田：高校で解放されたのはよかったんですけど、就活に失敗してアルバイトからライターの世界へ入り、ホモソの渦に放り込まれました。

アル：ホモソの渦。まがまがしい渦ですね。

津田：ライターは自分で仕事を取る必要があって、編集者との付き合いが大事になってくるわけです。飲みの誘いがあったら必ず行くようにして、男性編集者とくだらない話をして、夜中まで付き合ってましたね。

アル：男社会のノミニケーションってやつですね。昭和のにおいがプンプンするぜ。

津田：でもどこかでそういうコミュニケーションを楽しんでいる自分もいましたね。自分は小中学校ではクラスのカースト上位にいたわけではないので、初めて「上流」層に入れた嬉しさのようなものもあったんです。後から思えばまったくのくだらない勘違いなんですけど。

アル：へえ〜！　私は絶対入りたくないですけど。当時の津田さんには、エリート強者男性になりたいけどなれないみたいな劣等感もあったんですか？

津田：どうなんでしょうねぇ……。なりたい自分もいるし、なりたくない自分もいる感じでどっちつかずだったと思います。ちょうどITバブルの頃で、自分より1学年上の堀江貴文さんがメディアで大注目を集めていた時に取材したこともあって。わかりやすく功績のある人と、名前で食べていけない自分を比較していました。若くして活躍している人の迷いのない感じを見て、憧れるところもありましたね。

アル：私は人生で一度もホリエモンに憧れたことがないですよ。

津田：うーん……当時の自分は「自分が何者でもない」ことへの劣等感が強かったんだと思います。仕事は楽しかったけど、食べていくためのバランスも取らなきゃいけない。でも答えが出ないので、あまり考えないようにして、目の前の仕事に没頭してました。

アル：ホリエモンにならなくてよかったですね。私はエリート強者男性が苦手なんです。大学の飲み会で「お前みたいなブスと飲みたくない、もっと可愛い子呼んでよ」とか言われた恨みもあるし。新卒で入った広告会社は新自由主義の肥溜めみたいで、社員証をぶらぶらさせて朝から晩までコスパコスパ言うてる連中をひたむきに嫌ってました。

津田：ひたむきに（笑）。

■脅迫やストーカー被害に遭って気づいたこと

アル：ジェンダー観が変わるきっかけはありましたか？

津田：人前でしゃべる仕事をするようになって、意識は変わるようになりましたね。自分の言論活動がきっかけで脅迫文が送られてきたり、暗がりから突然出てきた人に腕をつかまれたりして、警察に相談したことも何度かあります。それから、女性が置かれている立場を考えるようになりました。

アル：それは本当に大変でしたね……私もストーカー被害に遭った時は本気で殺されると思いました。

男性は女性と同じように怖い体験をしないと想像できないのかな？　と思うことがあります。たとえば、夫と夜の海辺を歩いた時に「こんなところ一人では歩けない」と言ったら「ここは変な人なんかおらんやろ」と言われて「そういうとこやぞ」と思いました。過去に人気《ひとけ》のない夜道で性被害に遭った経験があるから、似た状況を避けるようになるし、被害に遭うリスクをつねに気にしなきゃいけない。いざ被害に遭うと「なぜ自衛しなかった」「そんな場所に行ったから悪い」と責められることも身に染みてわかってるし。

一方、夫は自分が被害者になる可能性をまったく考えていない。そうやって考えずにすむこと、気にせずにすむことが特権なんですよ。

津田：イベント前日に殺害予告が届いたりすると、さすがに呑気な僕も気が塞ぎますし、会場でまず非常口をチェックしたり、駅のホームでなるべく後ろに並ぼうとしたり、つねに安全な場所や逃げ場を気にするように意識が変わる。そういう話を女性にしたら「うん、でもそれって女性はいつもだよ」と言われて、ハッとしました。

アル：ボクシング世界王者の男性が、電車で痴漢に遭ったことをXに書いてました。「怖すぎて席を離れることしかできなかった」「電車に乗ると加害者のおじさんがいないか探してしまう」といった内容です。ボクシング世界王者ですら逃げるので精一杯なんだから、「抵抗すればいい」なんて簡単に言うなよと。性被害に遭うと多くの人はフリーズしてしまうし、抵抗したら逆切れされて殺されるかもと思いますよね。

津田：僕もそういう経験がなければ、実感できなかったと思います。

それに加えて、自分のジェンダー観が変わった一番大きな分岐点となったのは、２０１９年の「あいちトリエンナーレ２０１９」（以下、「あいトリ」）です。

出展する作家の男女比をジェンダー平等にすると自分で決めて、問題意識を持って調べたら、日本が停滞しているあらゆる原因がジェンダー不平等に集約されていることがわかりました。社会の公正性を考えてジェンダーの問題を捉えたことで、見えてきたものがたくさんありました。以前から興味を持っていた沖縄と本土の話や、障がい者差別、部落差別の問題など全部繫がっていることもわかって。そこから自分の視野が広くなりました。

アル：あらゆるデータを見ても、日本が泥船から回復するにはジェンダー平等が鍵なんです。そもそも人口の半数の能力や才能が発揮されていなければ、全員参加でやってる国に負けるに決まってますよね。そうやってどんどん取り残されているのに、性差別があることすら認めない政治家のおじさんたちにはさっさと退場してほしいです、現世から。

津田：僕は日本のあらゆる分野でジェンダー平等を達成していけば、社会が良くなることに確信があるんです。

美術界も長年男尊女卑が強い業界で、自分みたいな門外漢が外からボールを投げても、打ち返しはないのではと思ってました。でも「あいトリ」で参加作家の男女比を半々にしたことで、美術業界での変化が予想以上にあったと聞いて嬉しかったです。愛知県が独自に行っている現代美術の地域展開事業（展覧会企画）でも、ジェンダー平等を意識する流れができて、一度アファーマティブアクション（性別や人種などの差別を解消するために、一定の割合の席を割り当てるなど、実質的に平等な機会を整えること。ポジティブアクションとも言う）をすると、圧倒的に動き出すことがわかりました。

「あいトリ」の後、朝日新聞の論壇時評を受ける時に、それまで6人中1人しか女性がいなかったのを3対3にしてもらったら、議論の内容が変わりました。議論自体がとてもコミュニケーティブかつポジティブになったんですね。

そういう経験から、男女比を平等にすることは組織の文化を変える即効性があると気づきました。なので、「あいトリ」以降は自分に決定権のある状況では必ず男女比を同一にすることを意識して実行しています。『ポリタスTV』も月単位で出演者の性別を半々にしています。

アル：あらゆる分野で女性が増えると良い効果が出ることはデータや調査で証明されてますから。男性が変わらないと性差別はなくならないと思うので、津田さんのように行動する男性は大歓迎だし、どんどん増えてほしいです。

■男がフェミニズムを語るな問題

アル：でも「男がフェミニズムを語るな問題」がありますよね。男性がジェンダーやフェミニズムについて語ると「差別してきたマジョリティ側のくせに」「女の声を奪う気か」「女にモテたいのか」とか言うてくる人がいて、フェミ男子からよく「立つ瀬がない」って聞きます。

津田：ジェンダーや#MeTooのことを人前で話さなくてはいけない時に、専門的に学んできたわけではないので臆する部分がありますし、実際に批判されることもあります。でも「面倒だから」とやめようとしてはいけないと思います。自分はジェンダーやフェミニズムの問題に関心を持ったり、アファーマティブアクションを行ったりするのは、「女性のため」にやっているのではなく「社会のため」にやっていることだと思ってます。これを意識するだけで、「フェミ男子」の立つ瀬がない問題って大分楽になると思うんですよね。あと、そもそも女性にモテたいだけなら、別の方法をとったほうが効率的ですよね！（笑）

アル：それでモテるならフェミ男子がもっと増えてますよ（笑）。男が行動する理由は女にモテるためと考える人は、自分が女にモテたいんでしょうね。

私も「同性婚の実現を」と発信したら、当事者の方から「部外者は黙ってろ」とコメントが来て「黙らないもんね〜だっふんだ」と返しました（笑）。マイノリティは数が少ないし、差別にさらされて声を上げられない当事者も多いから、マジョリティが声を上げないと広がらない。

とにかく私は子どもの頃から差別が大嫌いなんです。差別って理不尽だし卑怯じゃないですか。だからあらゆる差別をなくしたいだけで、べつに誰かに良く思われたいとか思ってない。そもそも自分が得したければフェミになってないし、もっと権力にすり寄ってますよ、自民とか維新とか（笑）。

津田：僕はジェンダーやフェミニズムに関して、自分が声高に語ろうとも思ってないですし、語る資格もないとも思ってるんですよ。じゃあ何でこんな対談受けてるんだって話なんですが……（笑）。自分の決定権がある場の枠組みを使って、社会を変えることの実践者でありたいなと。

アル：実践者、いいですね！ ただ、私は男性にもっとフェミニズムを語ってほしいですよ。私はフェミニズムを火中の栗にしたくなくて、誰でも気軽に語れるものになってほしい。じゃないとフェミニズムが広がらないから。

津田：男性が男性にフェミニズムに興味を持つよう説得するのって、結構難しいんですよね。

アル：女性が男性に説得するのも難しいですよ。たとえば妻が夫にフェミニズムの本を読んでと渡しても「興味ない」と無視するとか。「夫が聞く耳を持たないので離婚しようと思います」みたいなお便りをよくもらいます。

津田：そうなんだ……。

アル：一方で「アルさんの本を読んで夫が変わりました」みたいなお便りもいただくし、フェミニストのパートナーと対話する中でフェミニストになる男性もいっぱいいいます。

津田：自分のいるコミュニティを変えるだけで、結構変わっていくと思います。僕自身、ここ数年人間関係がいったんリセットされたり、コロナがあったりして飲み会に参加する回数がすごく減ったんですけど、それによってホモソ的なコミュニケーションから距離を取れるようになったし、それで自分の意識も変わったんですよね。

アル：『男子という闇 少年をいかに性暴力から守るか』（エマ・ブラウン著、明石書店）にこんな文章があります。

『性差別に抵抗し、それは間違っていると声を上げる男性たちもいた』『彼らにはいくつかの共通点があることをパーカーは発見した。彼らには、ジェンダー規範に異議を唱える家族がいたのだ。また、彼らの生活の周りには、ジェンダーの現状について考えたり話したりできる、何らかの社会集団があった』
周りにジェンダーについて話せる人やコミュニティがあることはすごく大事。そういう場所を増やしたくて「ジェンダーしゃべり場」を開催してます。
あとは男の子がお手本にできるようなロールモデルが増えてほしいですね。海外にはフェミニストを公言する男性有名人がたくさんいますが、日本ではあまり思い浮かばない。まずは津田さんがロールモデルになってくれませんかね。
津田：えっそれは荷が重い（笑）。でも真面目に答えると、僕自身がロールモデルになるというより、メディアの視聴者に変わってほしいという思いがあります。『ポリタスTV』は視聴者の4割強が女性で、おそらくメンバーシップは女性の方が多く、女性に支えられているメディアです。女性の視聴者がたくさんいると、チャット欄のコミュニケーションも変わってくる。チャット欄を見ていても男性視聴者の良い意味の変化を感じることがあります。メディアのあり方を示すことで、そこに属しているコミュニティ、読者や視聴者を文化ごと変えていくことができる。目の前のかたくなな一人を変えるより、番組を見てくれる300

人を変えたほうがいい。視聴者の中からロールモデルになるような男性も出てくると思います。

■自殺を考えた時のこと

アル：「あいトリ」の誹謗中傷がひどくて、炎上慣れしている津田さんでも自殺を考えるほど追いつめられたそうですね。その時、お母さんに「逃げていいんだよ」と言われたというエピソードが刺さりました。

津田：父親は左翼の活動家、母親も労働運動で裁判闘争を長く闘ってきた。両親とも闘士だったので、あの一件があった時は「最後まで闘え」と言われるのではと思ってたんですが、彼らも人の親だったんだなと（笑）。

アル：北斗神拳みたいな家じゃなくてよかったです（笑）。

津田：当時は自分の炎上がつらいというより、「表現の不自由展・その後」を含む「あいちトリエンナーレ2019」全ての企画を見せることがゴールだったのに、それがああいう暴力的な手段で奪われてしまい、さまざまな政治に巻きこまれたことで、その状況を回復するのが難しいことがつらかったですね。

展示が中止された作家は「再開しよう」と言う。もちろんそれに僕も同意するんだけど、愛知県の職員は散々な目に遭ってるので「二度とやって欲しくない」と言って、現場で彼らの大変さを見ている立場としては彼らの気持ちもとてもよくわかる。知事は知事で別の観点から再開できないと言う。関係者全員が正しいことを言ってるんです。その真ん中でひたすら調整を続けてました。

「あいトリ」を開催していた愛知芸術文化センターのバルコニーで電話しながら、ほとほと嫌になって下を見ると「ここから飛び降りたら楽になる」と思ったことが何度かありましたね。

アル：わかります……。私も津田さんとは比べ物にならない小規模炎上でしたが、ネットでデマや誹謗中傷を流された時「あー面倒くせ、もう死んじゃおっかな」と思いました。でもここで自殺したら、大人の女子校（読者コミュニティ）のスタッフの女の子とかショックで病気になっちゃうかも、と思って踏みとどまりました。

津田：僕は死んだあとにどうなるかまで考えられなかったです。

アル：たしかに。限界まで追いつめられると、先のこととか考えられないですよね。あの時、オンラインハラスメントは人の命を奪うと実感しました。その渦中で、面識のなかった津田さんから「大丈夫ですか？　僕は炎上のプロなので何でも相談してくださいね」とDMをもらって、ものすごく救われました。あの時に助けてもらった鶴です。

津田：いえいえ（笑）。「あいトリ」で炎上した時、返信なんかする余裕もなかったんですけど、当時もらった知人からの応援メッセージって本当に支えになったんですよ。だから、あれ以降ネットで炎上した人を見るとついメッセージを送ってしまうようになりました。

アル：うちの父親は自殺してしまったんですが、男性の自殺者数は女性の約2・1倍です。いろんな調査を見ても「人に悩みを話すことに抵抗がある」という男性は多い。うちの父も死ぬ前に周りの人を遠ざけていたようです。彼はマッチョを煮詰めたような人だったので、「男は強くあるべき」という男らしさの呪いから人に悩みを話せず、誰にも助けを求められなかったんじゃないかと。

津田：僕の場合、仕事が楽しいからいまみたいなことやってるのに、「表現の不自由展・その後」が再開できずに終わったら自分はもう人前に出られない、仕事を辞めるしかないと思ってました。

この仕事をしないのだったら生きてる意味があるのかとも考えました。その経験を経て思うのは、人って自分の未来が断ち切られてしまう具体的なイメージが湧いた時に、生きようというモチベーションがなくなってしまうのだと思います。

アル：その頃、周りに弱音や愚痴を話してました？

津田：愚痴を言う感じではなかったですね。どちらにしろ75日で結果が出るので、最後までやるべきことをやろうと思いました。母親から「逃げていい」と言われて楽になったのは事実ですが、逃げたところでその後の人生を考えた時に何も良い方向に進まないので、逃げちゃダメだとも気づかされました。

アル：「あぃトリ」の件に限らず、人に悩みを話すことってありますか？

津田：あまりないですね。何かしら悩みがある状態がデフォルトだし、相談してどうにかなるものでもないので、いつも深く考えないようにしています。そうやってふわっと悩みを持ち続けているうちに、大きな悩みが来ると小さな悩みが消えてしまうんですよ。

アル：なるほど。私は「愚痴と排便は大事」とよく書いてるんですよ。うんこと同じでネガティブな感情をためこむと病気になるので、ちゃんと排出した方がいい。「愚痴を言っても解決しない」と言う男性は多いけど、人に話すことでストレスが軽くなって、解決策を考えるためのHP《ヒットポイント》が回復する。ストレス過多になると抑うつ状態や学習性無力感になってしまうので、小出しにして心の健康を保つのが大事だと思います。

悩みがある状態がデフォルトの津田さんは、どうやってリフレッシュしてるんですか？

津田：サウナですね。いまみたいなサウナブームになるずっと前、20代の頃からサウナが好きなんです。あとはふて寝ですね。20時間とか寝る（笑）。

アル：ロングふて寝はいいですね（笑）。サウナとか睡眠とかヘルシーなコーピングの方法ですね。私がずっと続けているコーピングは妄想です。学生時代の通知簿には「授業中いつも上の空です」と書かれてましたが、つらい現実から逃避するためにひたすら妄想してました。セルフ解離していたのかもしれません。

津田：妄想から現実になったものはありますか？

アル：ないです（笑）。「私はニューヨーク生まれの女殺し屋」みたいな設定だったので。妄想は0円で済むし、リーズナブルなコーピングとしておすすめです。

■男性の権利も取り戻す

アル：ジェンダー・ギャップ指数1位のアイスランドの研究者から聞いたんですけど、アイスランドでは男性同士のカップルがベビーカーを押してるのが当たり前の光景だそうです。世界で初めて同性婚を実現した国・オランダでは、教室に同性カップルの子どもがいるのが当たり前だし、子どもの幸福度ランキングがずっと1位なんです。一方、日本の子どもの精神的幸福度は先進国でワースト2位。2022年、子どもの自殺が過去最多だったというニュースもありました。

同性婚が実現した国では同性愛者の自殺が減っただけじゃなく、異性愛者の自殺も減って、国民全体の自殺が減ったというデータがあります。

マイノリティが生きやすい社会は、全ての人の人権が尊重される社会であり、みんなが生きやすい社会なんですよね。

津田：日本のジェンダー・ギャップ指数が125位になっている原因は、圧倒的に政治と経済。政治分野は146ヵ国中138位、経済分野は146ヵ国中123位とどちらもワーストレベルですから（2023年の調査）。

アル：ほんとそう。アイスランドでは男女ともに6ヵ月育休を取れる法律があって、男性の9割以上が育休を取るので、逆に取らないと「なんで!?」って驚かれるそうです。

「男は仕事、女は家庭」というジェンダーロールの押し付けは、男性もつらいですよね。男性は男女平等とかフェミニズムとか聞くと「権利を奪われる」と思いがちだけど、「奪われていた権利を取り戻す」と考えてほしいです。子育てをして子どもの成長に立ち会うとか、心身の健康やケアを大事にするとか、家族や友人と過ごす時間とか、趣味や余暇を楽しむ時間とか、そういう権利を取り戻すんだって。日本の男性の9割以上が半年育休を取れば、社会は変わると思うんですよ。

津田：ノルウェーは罰則つきの企業役員のクオータ制（性別や人種など構造的な差別を受けているマイノリティに対し、一定数の席を割り当てること）を導入したから進んだ部分があるんですよね。だから日本でもクオータ制を導入し、男性育休を取得義務化すれば進むと思います。

ただ制度を作る国会議員が高齢男性ばかりだから、なかなか進まない。結局は、女性の国会議員を増やしていくしかないと思います。

アル：アイスランドは平和な国ランキングでも10年以上ずっと1位なんですけど、国内の殺人とかも少ないと聞きました。初めて選挙で選ばれた女性大統領は国内にあった米軍基地をなくす運動や平和運動をしていたそうです。女性大統領が16年続いたアイスランドの子どもは「大統領って男でもなれるの？」と聞いたんだとか。日本の議会を見たら「日本にはおじさんしかいないの？」と聞くんじゃないですか。

津田：変えやすいのは、地道なところでは地方議会ですね。2023年の統一地方選挙では、岸本聡子区長のいる杉並区の投票率が4・19ポイント上がって、女性の当選者が男性を上回りました。加えてフランスのように立候補のクオータがなかったら政党助成金を没収される仕組みを導入するのがいいと思います。あとは日本は供託金が世界一高くて立候補の障壁になっているので、そこを先進国標準まで下げるなど方法はいくらでもあります。まあ既得権益にまみれた高齢男性中心の自民党政権だと、そういう施策は一切進まないんですけどど！

アル：政党助成金を減らされるなどのペナルティがないと、おじさんたちは本気で女性を増やそうとしませんよ。彼らは今の仕組みを変えない方が都合がいいんだから。実際、罰則のある国ほど女性議員の数は増えてます。2000年には世界の半数以上の国で、女性議員の割合は1割未満だったそうです。約20年前は他の国も日本と同レベルだったわけで、性差別をなくすために本気で取り組むかどうかなんですよ。

津田：そうですね。とはいえ男性の首長がみんなダメというわけではなく、元・兵庫県豊岡市長の中貝宗治さんは市役所のジェンダー平等を進めましたし、元・兵庫県明石市長の泉房穂さんも子育て支援に尽力しました。

アル：元・鳥取県知事の片山善博さんも30年前からジェンダー平等に取り組んできて、都道府県版ジェンダー・ギャップ指数では鳥取県が3年連続1位でした。兵庫県小野市でも、民間出身の蓬萊務市長が旗振り役となり、女性議員が12年間でゼロから43・8%に増えたそうです。

津田：首長が変われば地方行政が変わるので、アライ（味方）の男性を上手く〝使う〟こともポイントだと思います。

アル：味方になる男性を使って、女性の邪魔をしたいおじさんたちを駆逐できるといいですね。ミソジニーの染みついたおじさんは女の話を聞かないから。男性の方が声が届きやすいという特権があるので、その下駄を使ってバチボコにしばいてほしいです！

津田大介

1973年生まれ。東京都出身。早稲田大学社会科学部卒。ジャーナリスト／メディア・アクティビスト。ポリタス編集長／『ポリタスTV』キャスターとして、メディアとジャーナリズム、テクノロジーと社会、表現の自由とネット上の人権侵害、地域課題解決と行政の文化事業、著作権とコンテンツビジネスなどを専門分野として執筆・取材活動を行っている。主な著書に『情報戦争を生き抜く』『ウェブで政治を動かす！』（ともに朝日新聞出版）ほか。

コラム

フェミ男子の作り方

お疲れ様です、あの時に助けてもらった鶴です。と津田さんの前では鶴モードになる私。またジェンダー平等な感覚をもつ男性に出会うと、つい事情聴取モードになる私。これまでのヒアリングによると、彼らはいわゆる王道から外れた家庭、「男は仕事、女は家庭」「大黒柱の夫を支える妻」とは異なる家庭で育ったケースが多い。

知人男性Aは「うちは祖父母の代から共稼ぎで、家族みんなで家事を分担してました。自分も子どもの頃から家事をしていたので、大学生になって一人暮らしを始めても何も困らなかったです」と証言。知人男性Bは「両親ともにフルタイムの共稼ぎで、二人の姉と家事を手伝ってました。姉たちが優秀で性格も強かったので、女の人は強くて賢いものだと思って育ちました」と証言。知人男性Cは「シングルマザー家庭で育ちました。姉が伝説のヤンキーだったので、強い女性に慣れてるんです。パートナーもめちゃめちゃ強くてかっこいいです」と証言。

知人男性Dは「母と祖母と暮らしてました。子どもの頃にテレビで田嶋陽子さんを見て『うるさいオバハンやな』と言ったら、オカンに『女が物言う時はこれぐらい大声で言わんと届かんねん!!』と怒られたことを今でもよく覚えています」と証言。この話を田嶋先生にしたらたいそう喜んでいた。津田さんも母が家計の主で父が家事を担う家庭で育ったという。また両親共に左翼の闘士だったという。お母さんが職場で大怪我をされて、長きにわたる裁判を争い、本当に苦労されたのだなあ……と思った。それを支える家族も大変な苦労だっただろう。

リアルで津田さんを知る人は「津田さんてほんと優しいよね」「優しすぎて悪い奴に騙されないか心配」と語る。私も津田さんの優しさに救われた一人である。数年前、Xでデマや誹謗中傷にさらされて「もう死んじゃおっかな」と思った時、津田さんのDMにものすごく救われた。それ以降、私も誹謗中傷されている人にDMを送るようになった。「いま大変だと思うので返信不要です」という一言を添えて。すると大抵「ものすごく救われました」とお返事がくる。現在のつらい気持ちを切々と綴ってくれる人もいる。そうやって安心して本音を語れることが大切なのだ。なぜなら、誹謗中傷を受けている人は言葉を奪われるから。

こちらが「事実無根のデマです」と証拠を並べて丁寧に説明しても、炎上祭りを楽しみたいアンチにとっては燃料投下になり、火に油を注ぐことになってしまう。クソリプがますます増えて、デマがどんどん拡散される。だから「無言でスルーして鎮火を待つ」のが最善策になってしまう。当時は言いたいこと言えないポイズンすぎて自家中毒みたいになっていた。幸い私には話を聞いてくれる友人、一緒に怒ってくれる仲間がいたけど、それがなければ死んでいたと思う。炎上は2週間もすると収まったが、その渦中は外出するのも怖くなり、自宅で寝込んでいた。布団の中でせっせと生き霊を飛ばしていたら、Amazonのおすすめに盛り塩が出てきた。スマホで「除霊のやり方」を検索すると「根菜を食べるのがおすすめ」と出てきたので、ゴボウを食べて養生していた。ゴボウはいざという時武器にもなって便利。

とはいえ暗がりから敵が突然現れた時、とっさにゴボウで迎え撃つのは難しい。津田さんがストーカー被害に遭って女性が置かれている立場を考えるようになった、という話がリアルだった。私も夜道でチカンに遭ったが、あの恐怖は経験しないとわからないと思う。

中高生に授業をする際に「アクティブバイスタンダー」の動画を見せると、反応が大きく分かれる。女子校や共学の生徒たちはみんな真剣な顔で見ているが、男子校では一部の生徒から笑いが起こる。性暴力＝下ネタという認識なのだろう。共学では動画の視聴後、女子生徒たちが「自分もすれ違いざまに触られた」など被害を語り合うことが多く、それを男子生徒たちも聞いている。友人が性被害に遭っている現実を知っていれば、笑ったりはできないだろう。男子しかいない男子校では性暴力が他人事になってしまうのかもしれない。レイプドラッグの場面でよく笑いが起きるので「性犯罪の被害者の1割は男性なんだよ。私が見たドキュメンタリー番組では、サウナでレイプドラッグを盛られた男性が複数の男に強姦されてHIVに感染してしまう事件が出てきた」と話すと、たちまちシーンとなる。「みんな自分や自分の大切な人が性被害に遭うかもという想像力を持ってほしい」「性暴力の話をすると女vs.男みたいに捉える人がいるけど、これって善良な市民vs.性犯罪者って話だよね？　だから善良な市民で力を合わせて性犯罪者を駆逐しよう、一匹残らず」と話すと、みんなうんうんと頷いている。その真剣な顔を見ると、男の子たちこそ性暴力について学ぶ機会が必要だと思う。私の授業が少しでも役に立てばと思って、とてもとても安いギャラで受けている（学校は大抵予算がない）。「パヨクの金儲け」とか言うてくる人もいるが、君は稼いでいる左翼を見たことがあるかと聞きたい。

私はこの世から性暴力をなくしたい。ゼロにするのは無理でも、少しでも減らしたい。そんな思いから神戸でチカン撲滅アクションを行い、地元の女性議員さんやフェミ友たちと鉄道会社や兵庫県警に対策強化を要請して、神戸の痴漢対策が前進した。私も津田さんのように「社会を変えることの実践者」の一人でありたい。

去年ポリタスＴＶに出演した際、今は亡き愛猫ラーメンマンも飛び入り出演させてもらった。「猫ちゃんだ、かわいい！」と褒めてくれた津田さんも猫を愛する民である。サウナ＆ふて寝もいいけど、最強のコーピングは猫ちゃんだと思う。猫がごろごろ甘えてくれたら、ちょっとした病気ぐらいは治ってしまうんじゃないか。猫のふわふわのおなかを撫でながら、この平凡な日常を守りたいと思う。そのためにこの世界を少しでもマシな場所にしなければ、と津田さんも猫を撫でつつ思っているんじゃないか（妄想）。これからもそれぞれの場所でがんばっていきましょう。津田さんがピンチの時はこの鶴がゴボウを片手に助太刀いたす。

4

「物言う女がブス呼ばわりされるだけのことじゃん」

瀧波ユカリ

■クズに引っかかる法則

アル：『わたしたちは無痛恋愛がしたい ～鍵垢女子と星屑男子とフェミおじさん～』（以下、『無痛恋愛』、講談社）など、いつも楽しく読んでます！　この対談ではフェミニズムに目覚めるまでの過程や、ジェンダーのあれこれについておしゃべりできたらと思います。

では生まれた家庭の話から始めますね。私はネグレクト系の毒親家庭出身ですが、小さい頃から「女らしさ」を押しつけられたことはなかったです。「女の子だからこうしろ」と言われたこともなく、母は家事育児が苦手だったので、良妻賢母の呪いもかけられなかった。ただ両親ともに悪魔の毒毒モンスターだったので、ジェンダー以外では地獄みが深かったです。

瀧波ユカリ（以下、瀧波）：私も「女の子だからこうしなさい」とは言われずに育ちました。父親は機嫌がいい時は陽気な性格だけど、キレると手がつけられないタイプ。DVもありました。母親はものをはっきり言う人だけど、父がキレると大変なのでかなり気を使っていました。それが当たり前の環境で育つと「こんなもんだ」って、おかしいとは思いませんでした。でもそういう環境で育ったことが、男性との付き合い方に影響を与えた部分は大きいと思います。

アル：どんな影響があったんですか？

瀧波：母の姿を見てきたので、女性がはっきりと物を言うことが間違ってると思ったことはなかったんです。でも父が不機嫌にふるまったりキレたりして、母がフォローする様子を見てきたせいで、付き合ってる男の人の機嫌が悪いと「自分のせいかも」と思ってしまったり、事態が悪くならないように先回りして機嫌を取ったり、そういうことが身についてしまって。

アル：家庭内に機嫌の悪い男性がいると、子どもはそうなっちゃいますよね。

瀧波：だから生まれつきフェミニストな部分と、無意識のうちに家庭で定着した「わきまえ癖」が共存していた20代でした。その感覚をデビュー作の『臨死!!江古田ちゃん』に反映してましたね。男をナメている感じで言いたいことをズケズケ言うのに、クズとは別れられないという矛盾です。

アル：クズと別れない江古田ちゃんは根気強いな〜と思ってました（笑）。私は20代の頃、恋愛やセックスに依存気味だったんですが、根本には愛情飢餓感がありました。親に無視されて育ったので、寂しかったし甘えたかったんですよね。現実の寂しさを紛らわすためにセックスして、その一瞬は忘れられるけど、あとから余計に寂しくなってリバウンドして……シャブみたいなものですね（笑）。

そういう自傷行為のような側面があったと思います。瀧波さんは若い頃を振り返ってどう思いますか？

瀧波：はっきり主張すると男性から疎まれるし、男性に好かれないと女の子は価値がないという刷り込みもあったので、混乱してましたね。そんな状態だと、承認欲求を嗅ぎつけて興味本位で男が近づいてくるんですよ。そいつらは性的搾取できればいいから、こっちがはっきり主張することを気にしない。

アル：『無痛恋愛』でも『自分らしく生きたい女ほどクズに引っかかるの法則』が出てきましたよね。「女らしさ」を求めてこないからリベラルな男だと勘違いしてしまうって、膝パーカッションでした。現実は「ひとりの人間」として見ているわけじゃなく、彼らは単にやれればいいから「女以下」の存在なんだって。私もクズに騙されて搾取されがちだったので、老後は振り込み詐欺に遭いそうで怖いんですけど（笑）。ただ、私は我慢できない性格に救われたんです。根気がなくて飽きっぽくて「三日坊主」ならぬ「三日大僧正」みたいな人間なのでクズと付き合っても長続きしなかった。そこが江古田ちゃんとの違いですね。

瀧波：いや、実は江古田ちゃんは執着してるようで冷めてるんですよ。その点は自分とも重なっていて。大学生の頃、彼女がいる男の子と曖昧な関係を2年間続けてたんだけど、それは「観察したい」という気持ちが強くて。女性に対しては「人としてどうなの⁉」という行動をするのに、他の倫理観はしっかりしてたり、同性の間では人気者でいい奴として通用してたり……そういう男性について知りたい気持ちが強かったんです。

アル：ファーブル的な観察欲だったんですね。

たしかに「対外的にはいい人だけど、女にはモラハラ」「人権意識は高いのに、バキバキにミソジニー」みたいな男性っていますよね。私の過去で言うと、女子校から大学に進んだ当時は非モテコンプレックスがヤバくて。周りの男子から人間扱いされなくて、「早く人間になりたい……‼」という切実な思いでモテを目指したんです。なにぶん恋愛の教科書が少女漫画だったので『王家の紋章』のキャロルみたいに看病したらモテる！」と錯覚して。好きな男の子が風邪を引いた時に家に押しかけて、追い返されたりしました。

瀧波：キャロルはいっつも看病してますね（笑）。

アル：モテたくてフェロモン香水も買いました。「さしすせそ」的な女子アナ仕草もやりましたが、自分を偽ってモテたとしても、いつかボロが出て破綻するんですよ。そんな恋愛地獄行脚でボロボロになって「惚れた腫れたはもういい、家族がほしい」と思った29歳の時、たまたま夫に出会ったんです。それで友情結婚みたいな形で結婚しました。そこから18年続いてるので、私には恋愛より友情の方が向いてたんですね。夫は「きみの世間に向かって唾を吐いているところが好きだ」と言う奇特な人なので、素の自分でいられてレリゴーです。

瀧波さんは恋愛面で変わったきっかけはありましたか？

瀧波：付き合う前にセックスするのをやめたことですね。「貞操を守りなさい」って教えられたことがなく、良くも悪くもセックスに対する考え方が自由だったし、男性みたいに振る舞いたかった。でもそれだと上手くいかなくて、夫と出会って友達から始めたらちゃんと付き合うことになって、結婚することになった。順番をきちんと踏むことによって、性的搾取したい人がふるい落とされたんですよね。

アル：付き合う前にセックスしちゃダメとか、純潔であるべきとか全然思ってないんですけど。でも現実にはヤリチンホイホイになってしまいますよね。

瀧波：北欧などのフリーセックスは、多くの男性が女性を対等に見る文化がなければ実現しないかと。特に社会経験の浅い、立場の低い女性だと思うようにはいかない。それはその人に問題があるんじゃなくて、社会的な問題なんですよ。

アル：男女が対等な社会じゃないと、対等にセックスを楽しめませんよね。社会的に立場の弱い若年女性は特に性的搾取されやすい。本人は対等な恋愛のつもりでも、年上男性にグルーミングされたりとか。

私も若い頃を思い出して「この恨み晴らさでおくべきか……!!」とAmazonで藁人形を検索したこともあります。1200円ぐらいで売ってました（笑）。

■出産後にフェミに目覚める女たち

アル：私は広告会社に入社した後、先輩から田嶋陽子さんの本を紹介されたことがフェミニズムとの出会いです。当時はセクハラパワハラのセ・パ両リーグな職場で、セクハラに遭っても笑顔でかわせと刷り込まれて、セクハラに遭うのは自分のせい、自分が悪いんだと思ってました。でもフェミニズムを知って、足を踏んでくる方が悪いとわかったし、足を踏むなと抗議できるようになったし、踏んでくる人を避けられるようにもなった。

対談集『田嶋先生に人生救われた私がフェミニズムを語っていいですか!?』

（KADOKAWA）で田嶋さんが『フェミニズムは人権の話だから「自分はこんなひどいことされていい人間じゃない」と気づくのが始まり。だから怒れる自分に誇りをもっていい。怒れることは、それだけの感性や知性や能力があるってことだから』と語ってますけど、私も「怒ってよかったんだ」と気づけたんです。

瀧波さんはいつフェミニズムに目覚めましたか？

瀧波：おかしいと思うことは子どもの頃からたくさんありました。でもそれがフェミニズムやジェンダーという言葉で定義づけられてることは知らなくて。

私は24歳の時に投稿作がそのまま連載になって、漫画家としてのキャリアがスムーズに進んだんです。もちろん漫画家としての苦労はありましたが、通勤中に痴漢に遭うとか、会社で理不尽なことを経験したりはなくて。社会の中で自分以外の女性が被っている被害が全然見えてなかったんです。分岐点となったのは、出産後ですね。30歳で出産して、子どもを預けて働こうとすると、社会に入っていくしかなかった。

アル：出産後にフェミニズムに目覚める女性は本当に多いですよね。

瀧波：その頃に並行してXを始めて、匿名の女性たちの性差別の経験談が目に入るようになりました。みんな同じことを感じているとわかって、フェミニズムを誤解していたことにも気づいたんですよ。

アル：まさに「パーソナル・イズ・ポリティカル」。自分が苦しいのは自分のせいじゃなく、政治や社会のせいなんだと気づくと、世界の見え方が変わりますよね。#MeToo以降、SNSで女性たちが声を上げるようになって、その影響はすごいと思います。うちは選択的子なし夫婦ですが、日本で子育てする大変さや理不尽さは、SNSで発信してくれる人たちのおかげで知れました。だから一人ひとりが声を上げることって、ものすごく意味がありますよね。

■ルッキズムの正体は?

アル：私はルッキズムにも苦しめられて、過食嘔吐をしていた過去もありました。でも40歳を超えて、自意識がゆるゆるになったんですよ。昔は「こんな服着てたらどう思われるかな」とか気になったけど、今は「服着てたっけ?」と不安になる（笑）。あと中年になると「脚が太い」よりも「膝が痛い」の方が一大事だし、体重よりも骨密度が気になる。自分のことを見た目で評価しなくなると、他人のことも評価しなくなって、ルッキズムからの解放を感じました。

瀧波：私も年齢と共に自分に似合うものを見つける感覚を楽しんでいて、人からどう見られるかは考えなくなりました。昔はどうしてルッキズムの呪いにかかってたんだろう？　と振り返ることがあります。

私は子どもの頃から主張がはっきりしていたので、小中学校の時は男子からブス扱いをされてたんです。もちろん傷ついたんですけど、心のどこかで「私の顔が気に食わないんじゃなくて、言ってることが気に入らないんだろう」とわかってました。

アル：たしかに。今もフェミニストの容姿をディスる男性は多いけど、物言う生意気な女が気に入らなくて口を塞ぎたいんですよね。

瀧波：そうそう。高校生の時にジャニス・ジョプリンの音楽を好きになって、ライナーノーツを読んでいたら、ジャニスが高校生の時に校内のブスコンクールで一位をとった話が出てくるんです。そんな高校潰れてしまえ！　って思うじゃないですか。でも当時は音楽ライターのほとんどが男性で、彼らは何の疑問を持たずに「ブスのコンプレックスを発揮して、いい歌を歌った」みたいなことを書いてるんです。

アル：バカじゃねえか。サブカルクソおじさんですね。

瀧波：調べていくと、保守的な地域で生まれたジャニスが、色々なことに違和感を持って発言していたこともわかって。やっぱり物言う女がブス呼ばわりされるだけのことじゃんって。

ルッキズムの正体は、男性の加害性や加害性そのものに対する無頓着さだと思うんですよ。40代になって自分の容姿が気にならなくなるのも、わざわざブスと言いにくる男がいなくなるから。元から言う奴がいなかったら、私たち自由だったじゃんって思うんですよ。

アル：ほんとそう。容姿をディスる人がいなければ、容姿に悩む人もいなくなる。いじめもそうですが、いじめられる側に問題があるんじゃなく、いじめる側に問題がある。だからその加害性を問題視しろって話ですよね。

■女同士のジェンダー意識のギャップ問題

アル：女友達との間にジェンダー意識のギャップを感じてしんどくなる、という話もよく聞きます。私も性暴力の話をしている時に「でも枕営業もあるよね」って言われて噴火してしまったことがあるんです。瀧波さんはそういう経験はありますか？

瀧波：私は仕事のことをプライベートの知り合いにも知られているので、あまりないんですけど。でも一般的にはモヤモヤすることがいっぱいあるだろうなって思います。たとえば男性は結婚や出産で自分の生活を大きく変えなくてすむ人の方が多いですが、女性はそこに違いが出やすいので。

価値観が違う相手と離れたくなることは、ジェンダーのこと以外にもあると思うんですよ。ただ、もしもの時に助けられるくらいの距離にしておくのは大事かなって思います。

アル：たしかに「絶交だ！」って決める必要はないですよね。私も枕営業発言をした友人が、あとから私のコラムを読んだりして「あの時に言ってた意味がわかった」と連絡をくれて復活したんです。しばらく距離を置いてみて、それでも相手が変わらない場合は仕方ないと思いますけど。昔の友人と疎遠になってしまうのは寂しいけど、今の自分に合う人、居心地のいい人といることが幸せだと思うので。

新たにフェミ友を作ったら、寂しさが減って幸福度がアップするのでおすすめです。私は地元の神戸で「東灘区ジェンダーしゃべり場」ってイベントを始めたんですよ。「フェミトークできる場所、フェミ友を作れる場所を求めていた」という声が多くて、今しゃべり場の輪が全国に広がってます。

瀧波さんはフェミ友はいますか？

瀧波：フェミニズムだけでつながってる感覚はあまりないです。ただフェミトークするような友人でなくても、「男って」で始まる話は共通で盛り上がりますよね（笑）。

私は開かれた場では「男って」という大きな括りで語ることはしないのですが、プライベートな対話では思い切って括って話します。そうすると、女性として長期的・日常的に感じている理不尽や怒りをストレートに話せて共有しやすくなるので。「男って全然女の話を聞かないよね」「うちの夫はどういう目で女性を見て生きてきたのかな」みたいな話って、根底にあるのは性差別なので、フェミニズムの話をしてるなって思います。

アル：「育児に当事者意識のない夫への不満」とか、膝パーカッションで床が抜けますよね（笑）。

■パートナー間のジェンダー意識のギャップ問題

アル：パートナー間のジェンダー意識のギャップについての相談も多いです。例えばアニメで風呂覗きシーンがあった時に「これは犯罪なんだよ」と子どもに言ったら、「そんなに目くじら立てなくても」と夫に言われるとか。風呂覗きシーンを見て親が笑っていたら、子どもは「これって面白いことなんだ」と学んでしまいますよね。子どもを加害者にも被害者にもしないことは大人の責任なのに、夫がわかってくれないとか。子どもに「女の子／男の子だから」みたいな発言をするとか。

そういうギャップってどうすれば埋められると思いますか？

瀧波：パートナーの感覚に個人差があるから難しいですよね。うちの夫は最初から「女の子はこうあるべき」みたいな感覚はなかったんですけど、付き合い始めの頃に「この間料理してくれたけど、ちょっと変なものが出てきたよね」って軽く茶化す仕草をされたことがあって。最初は気にしてなかったんですよ。でも、ふと過去のクズたちの顔が甦ってきて「このまま受け入れるのはダメかも」と思って「そういうのは嫌なんだ」って言ったら一切なくなりました。

アル：クズの走馬灯が役立ったんですね。

瀧波：そうそう（笑）。でも、世の中にはやめてって言ったことをわざと言ってくる男性もいますよね。

アル：そういうモラハラの片鱗が見えたら、結婚前だったら別れてしまうのが手っ取り早いですね。

瀧波：たしかに。とはいえ結婚前でも結婚後でも完璧な人はいないので、ある程度ぶつかり合って言いたいことを伝えて信頼を「育てる」視点も大事かなって。

アル：そうなんですよ。ここはフィンランドでもニュージーランドでもなく、ヘルジャパンだから。最初から仕上がってるジェンダーイコール男子はめったにいないので、磨けば光る原石を見つけるしかない。女性の話をちゃんと聞く男性であれば、地道に対話して説明することで相手がアップデートする可能性はあるかなと。なんで育てなあかんねんと思いますけど（笑）。

瀧波：夫との対話以前に「こんなこと言ったら嫌われたり不機嫌になったりするんじゃないか」って恐怖心との戦いでもあると思います。実際、そういう不機嫌を利用してやり返す方法との戦いでもあるので。

『無痛恋愛』の中で、主人公のみなみが『男と女でカジュアルセックスは平等といえるのか』って指摘して、男性がプライドを傷つけられて怒るという流れを描きました。女性がはっきり物を言って、男性が怯む漫画ってここ数年結構見かけるんですよね。男性が言い返せなくなるような言い方を擬似体験するにはいいんですけど、現実は黙って終わりにならないと思っていて。

アル：あの逆切れ男がリアルすぎて嘔吐しそうになりました（笑）。実際、同じような話を聞くんですよ。女友達が彼氏に「それは性差別だと思う」って言ったら「そうやって僕を傷つける君こそ差別してるから謝って!!」って被害者ムーブでキレられたらしく。彼女はフェミニズムを学んだおかげで、その男と別れられたそうです。「あのまま結婚してたら地獄行きだった」と言ってました。

瀧波：自分より下と見なしている女性から物を言われて怒ったり傷ついたりする、その男性の有害さが広く共有された状態じゃないと、私たちは安心して主張できないと思います。女性に指摘された時に「『俺は被害者だ』ってキレる男は最低だ！」って男性にもっと言ってほしいですね。

アル：「ドントビーザットガイ（そんな男にはなるな）」ですね。「ノットオールメン（全ての男が悪いわけではない）」とテンプレの反論で女性の口を塞ぐんじゃなく、男性が男性に対して注意してほしいです。

一方で、読者さんからはありがたい話も聞きまして。夫と離婚を考えていたけど、ダメ元で私のコラムを読ませたら「今までごめん」って夫が反省して謝ってきて、今は職場でフェミニズムの普及に励んでいるそうです。「おかげで離婚せずにすみました」と報告をもらって、そんな奇跡の青汁体験みたいなことあるんやって（笑）。

でも見ず知らずの私の本を読んだらわかるくせに、なぜ目の前の妻の話を聞かない？　とも。パートナーから言われると責められてると感じて、防御や反論に出る男性は多いですよね。なのでフェミニズムの本や記事をシェアする方が有効なのかも。瀧波さんは夫さんと話し合いたい時はどうしてますか？

瀧波：「これは言わなきゃいけないな」って思った時に、前日から「明日の何時から話があります」って予告をして、逃げ道を塞ぎます。相手も心の準備をしてない時に言われると、それだけで傷ついて話の内容以外に余計な要素が加わることもあるので。

アル：瞬間的に相手の発言にムカついた時はどうしてますか？

瀧波：人からもらったヨーロッパのジャガイモを潰すための棒があるんですけど、それで布団を叩いてます（笑）。

アル：ジャガイモを潰す棒で布団を（笑）。夫の脳みそをマッシュしてしまうよりいいですね。

瀧波：瞬発的に怒れることは大事ですけど、その怒りに乗って物申すと、感情を直接ぶつけることになっちゃうので、粗熱を取る感じで「粗怒り」を取るんです。そうすると純度の高い怒りだけが残って、何に怒っているのかがわかりやすくなります。

アル：私はエシディシみたいにギャン泣きしてスッキリします。こちらが泣くと、夫も「悪いことをした」と反省モードになるのでおすすめです（笑）。でも本当に伝えたいことは、手紙やメールなどの文章で伝えるようにしてます。その方が相手も冷静になって何度も読み返して理解を深められるので。

■大黒柱はつらいよ

アル：「妻の成功を喜べない夫」の話もよく聞くのですが、瀧波さんの夫さんはいかがですか？

瀧波：それは全然ないですね。夫は会社員でメディア系の仕事をしていたのですが、子どもが生まれてから私の仕事一本だけにして、当面の間は自分がサポートやマネジメントをしていくって言い出した。「あなたは本当に好きなことを仕事にしていて、しかも世の中から求められているのだから、育児のために仕事をセーブするのはもったいない。自分が支えるから」と。ありがたく感じつつも、漫画家は不安定な職業なので、収入を一本に絞るなんて正気の沙汰じゃないって思ったんですけど。

アル：大黒柱になるって大変なプレッシャーがありますよね。

瀧波：最初の1年は寝ながらうなされていたみたいです。不安定な仕事一本で、家族の生活を守らなきゃいけないことへの危機感がありました。そもそも女性の漫画家でずっと続けてる人って少ないので、私も続けられるかわからないなって思ってた。だから「もし描けなくなったら、夫が働いて私は家事育児をする選択肢もある」と無意識に思ってたことに、自分でもびっくりしました。

夫がサポートに入ってからは、私の苦手な経理やデータ整理を全部してくれてますし、テレビの仕事の時も色々と教えてくれて、支えてもらってます。

アル：敏腕マネージャーですね！　今は共稼ぎが多数派ですが、昔の男性たちは当然のように大黒柱をやってたんですよね。

瀧波：その気づきは大きかったですね。男性は中高生ぐらいから「自分は一生働く」って意識を持ってる人が大多数なんだろうなって。
その道が整えられている一方で、その道しか想像できないとなると「女は羨ましい」と思う気持ちもわかりますね。

アル：種類の違う地獄ですよね。女はマミートラックに乗せられて、男は出世レースを走らされる。自分で選べないのがしんどいなって。
うちの父は会社経営が傾いて自殺してしまったけど、「男は稼いでナンボ」「男は弱音を吐くな」という呪いが男性自身を苦しめているし、命にかかわる問題ですよね。私はフェミニズムは男性も救うと思うし、次世代の男の子たちのためにも広げていきたいです。

瀧波：女性差別について話す時に「男の苦しみはどうでもいいのか」って言ってくる男性がいますが、それについて女性も必要な時には語ってるんですよ。そもそも自分たちの問題なんだから、自分たちで声を上げろよって思います。女性たちが若い頃のつらさに気づいて声を上げているのと同じように、男性たちが自分の過去の苦しみを振り返って、若い男性が楽になるために声を上げることはできると思うんです。

アル：瀧波さんは「フェミはこの件についてだんまり」とフェミを叩く男性たちを「妖怪フェミダンマリ」と呼んでますよね（笑）。

瀧波：妖怪フェミダンマリ、Xの匿名ユーザーさんが使っていて「うまい！」と思い、私も使わせてもらってます！　アンチフェミたちは自分が気に入らない人や団体を攻撃するために、団結してるじゃないですか。なら自分たちのケアのためにも団結できるだろうって思うんですけど。なぜしないかというと、社会が男性中心で整っているから、変えなくてもそれなりに生きていけるからですよね。

男性が自分の生きづらさを訴えることは、歴史的に見たらまだ赤ちゃんの段階だと思うんです。時間はかかるでしょうが、そこで女性たちが手取り足取りサポートしたら赤ちゃんは自力で歩かなくなるので、応援はするけど代わりにやってあげないスタンスです（笑）。

アル：がんばれ赤ちゃんたち!!

スウェーデンでは1980年代から「男性のための危機（メンズ・クライシス）センター」がありますが、日本でも男性同士で生きづらさを語り合うグループなどが増えてますよね。一部の男性が生きづらさゆえに女性に加害するのをやめれば、女性も安全に暮らせます。男性が変わらないと性差別や性暴力はなくならないし、ジェンダー平等も進まないし、社会は変わらない。だから男性も巻き込んでいくのが大事だと思うんですよ。

瀧波：その点、フェミニズムを広めたい人は工夫することが必要だと思ってます。例えば男性に痴漢被害の深刻さを説明する時に「自分の娘が同じ被害に遭ったらどう思うか想像してください」って言い方をすると、家父長制的な考え方だって批判されますよね。それはわかるんですけど、最初は自分の身近な女性で想像するのでもいいと思うんです。痴漢被害について何も考えてなかった人が「自分の娘が同じ被害に遭ってたら」って気づけるなら、大きな一歩じゃないですか。

アル：そうですね。私も自分の猫が加害されたら、犯人を地獄の果てまで追い詰めます。そんなふうに想像すれば、自分事として考えられますよね。

私はフェミニズムを広めたいガチ勢なので、わかりやすい言葉で説明するようにしてます。フェミニストをシンプルに言うと「性差別に反対する人」。だからフェミニストの対義語はセクシスト（性差別主義者）。「自分も性差別には反対だからフェミニスト」と、みんなが普通に言える社会になるといいですよね。

瀧波ユカリ

漫画家。札幌市に生まれ、釧路市で育つ。日本大学芸術学部を卒業後、2004年に24歳のフリーター女子の日常を描いた4コマ漫画『臨死!! 江古田ちゃん』（講談社）でデビュー。現在、『わたしたちは無痛恋愛がしたい ～鍵垢女子と星屑男子とフェミおじさん～』（講談社）を連載中。そのほか、『ポリタスTV』にて、『瀧波ユカリのなんでもカタリタスTV』にも出演中。

―コラム―

黒歴史は恥だが役に立つ

『臨死!!　江古田ちゃん』を初めて読んだ時、冒頭におりものが出てきてびっくりした。私も「サラッとサラサーティ」とか書いているけど、青年誌でおりものを目撃したのは初めてだった。現実の女は毛も生えるし、うんこもしっこもおりものも出す。瀧波さんは一貫してリアルな「人間」を描いていて、そこにシンパシーを抱いた。私も江古田ちゃんの真似をして全裸で暮らそうかと思ったが、穴からなんやかんや漏れるのが心配でやめておいた。

瀧波さんとはツイッター経由でやりとりするようになった。直接お話しするのは今回が初めてだったが、あうんの呼吸で話が弾んで膝パーカッション祭りとなった。

「良くも悪くもセックスに対する考え方が自由だったし、男性みたいに振る舞いたかった」という言葉にはクイーンのライブのように膝を鳴らした。私は愛情飢餓感からセックスしていたけど、男社会に対する復讐心もあったと思う。子どもの頃から痴漢に遭いまくり「女はヤラれる側」であることに怒りや悔しさがあった。ヤラれる側でいたくない、ヤラれるぐらいならヤッてやる！という殺し屋的なマインドでセックスしていた。もちろん性的同意は取っていたが、自分も男性を性的モノ扱いしていた部分があったし、傷つけてしまった人もいるだろうなと反省している。日常的にセクハラに遭い、女が性的に描かれるコンテンツに囲まれて「消費されるぐらいなら消費してやる！」とバチギレていたが、誰も消費されない社会の方がいいに決まっている。

「物言う女がブス呼ばわりされるだけのことじゃん」という言葉にはスタンディング膝パーカッションした。大学時代、オラついた男子からブスだのデブだの言われて傷ついたが、振り返ると私が特段ブスだったわけではない。実際、黙っていればブスとは言われなかった。私がハッキリ意見を言ったり、面白いことを言ったり、楽しそうにしていると「ブス」と言われた。「ブス＝黙れ」という意味であり、彼らは女の口を塞ぎたかっただけなのだ。楽しそうな女をこらしめたかっただけなのだ。フェミニズムに出会ってその真相に気づき、生きるのが楽になった。「私がブスだからダメなんだ」と自分を責めなくなり、「ふざけるな、黙ってたまるか！」と正しく怒れるようになった。

大学時代の私はモテたくてフェロモン香水を買ったが、女友達はうんこの臭いが減るサプリを買ったらしい。「意中の人にうんこを嗅がせる機会もないのになぜ⁇」と本人も首をひねっていたが、若い頃は無駄なものを買うし、いろいろ失敗をするものだ。20代の私は無駄な恋愛やセックスばかりしていて、あの時間を語学学習に使っていれば今ごろ7ヵ国語ぐらい話せたと思う。でも後悔はしてません、なんて綺麗ごとを言う気はなくて普通に後悔している。我が生涯に百片の悔いあり!!（ラオウ顔でガッツポーズ）

だけども黒歴史は恥だが役に立つ、こともあるのが人生の面白いところ。フェロモン香水の効果は不明だが、必死で外見磨きして多少はモテるようになったことが、モテの呪縛からの解放につながった。モテる人は伝説の剣を抜ける勇者のような選ばれし者だと思っていたけど、結局見た目じゃねえか、とモテのしょうもなさに気づいたのだ。瀧波さんもクズの走馬灯が役立った話をしていたが、私も走馬灯が物書きとしてネタになっている。また尻軽ビッチゆえにフッ軽に夫と付き合ったし、恋愛もセックスもやりきった感があったため「惚れた腫れたはもういい」と思えた。そんな意外なご利益《りやく》もあるし、そもそも失敗しない人間などいない。私なんて間違ってばかりで物心ついたのは40歳過ぎてからだよ、と学生たちに話すとみんなホッとした顔をする。失敗したら普通に傷ついて後悔して、そこからまた前に進めばいいのだ。

男子校で「女の子は翼を折られて、男の子はケツを蹴られる」「女の子は頑張らなくていいと期待されず、男の子は頑張らなきゃとプレッシャーをかけられる」という話をすると、みんな激しく頷いている。特にエリート男子校の生徒の多くは親からのプレッシャーに苦しんでいる。

彼らは構造的には「強者男性」の卵だけど、だからといって個人のつらさを無視してはいけないと思う。なにより相手は子どもなのだ。親から逃げたくても逃げられない弱い立場なのだ。瀧波さんの「男性たちが自分の過去の苦しみを振り返って、若い男性が楽になるために声を上げることはできると思うんです」という言葉を大人の男性たちに届けたい。

女子大で授業をすると「女性差別ってまだあるんですか？」とピンとこない女子学生も多い。「今はおじさんが気をつかいすぎて可哀想」と言う学生もいて「私が新入社員の頃は挨拶代わりに胸や尻に触るおじさんがいたけど、おじさんが気をつかわない社会ってそういう社会なんだよ。その手のおじさんが駆逐されたのは女性の先輩たちがセクハラするな！　と怒ってきたからだよ」と話すと「マジか」という顔をしている。彼女らが社会に出てセクハラに遭わないように、男社会の壁にぶち当たって絶望しないように、先輩たちがこつこつ削ってきた壁を自分も削りたい。瀧波さんも同じ思いでいるんじゃないか。

瀧波さんはインタビューで「『無痛恋愛』の反響からも、政治の世界はともかく、読者の意識は前に進んでいることがわかります。漫画は雑誌時代から、媒体に押されていないジャンルでも、作家と読者が切り拓いてきた歴史がある。そういう意味でも、読者と一緒に、前に進んでいきたいですね」と語っている。一緒に前に進む仲間がいて心強いし、そんな仲間をどんどん増やしていきたい。みんなで法螺貝とジャガイモを潰す棒を持って行進したら楽しいだろう。瀧波さん、これからも作品を楽しみにしています。

5

「人と違う意見があること自体に価値がある」

竹田ダニエル

■中学の授業でルッキズムを学ぶ

アル：『世界と私のAtoZ』（講談社）を始め、鋭い分析をいつも楽しく読んでます！　アメリカ生まれの若者の視点でジェンダーや政治について発信されていて、すごく勉強になります。

竹田ダニエル（以下、竹田）：日頃から記事の拡散などありがとうございます！　自分もアルテイシアさんの本を周りに勧めているので、今日はお話しできて嬉しいです。

アル：まずはダニエルさんがジェンダーやフェミニズムについて考えるようになったきっかけを教えてもらえますか？

竹田：最初は中学の授業でルッキズムについて学ぶ機会がありました。女性が広告に起用されると露出度が高くなってモノのように扱われることや、体型が補整されることなどを、批判的に捉えて考えさせるような内容でした。

アル：欧米では子どもの頃から「物事を批判的に見ること」を学ぶと聞きます。

竹田：そうですね。フェミニズムで言うと、2013～2015年頃のフェミニズムは今のように人種差別なども含んだインターセクショナルなものではなく、シスジェンダー（生まれた時に割り当てられた性別と性自認が一致する人）の白人女性中心のフェミニズムでした。その点に問題はあったと思いますが、テイラー・スウィフトが女性の権利を主張したり、エマ・ワトソンの国連スピーチが注目されたり、ポップで身近な話題が多く、共感を集めやすかったと思います。

自分の分岐点となったのは、大学でディベート部に入り、ジェンダーや政治や社会問題について学んだことです。いろいろ調べていくうちに『Ｌｉｖｉｎｇ Ｄｏｌｌｓ』という本に出会ったのですが、資本主義社会で美容やルッキズムの文脈で女性が搾取されることが論理的に書かれていて印象的でした。

あとは、高校生の時に好きになった「Ｈａｉｍ（ハイム）」という３人姉妹のバンドからも影響を受けました。彼女たちは「なぜ〝ガールズバンド〟と言われなきゃいけないのか」と主張したり、男性に対しては聞かれないような質問をされることに対して怒っていたり。おかしいと思うことをはっきり指摘する姿がかっこいいなって。

アル：それはかっこいいですね！　日本では若い女性がはっきり主張すると叩かれる現象がありますよね。企業で働く女性たちも「女性視点でどうですか？」と聞かれまくってうんざりしてます。男性社員は「男性視点で～」とは聞かれないわけで、マイノリティがその属性全体を代表させられる場面はあるあるですね。

昨年の9月にも岸田首相が女性閣僚の起用について「女性ならではの感性や共感力を十分発揮してほしい」と発言して炎上しました。まあ批判されるだけマシになったとは言えますが。

リケジョ・女医・女社長・女流作家といった言葉も男性には使わないわけで、「男がデフォルト」「女なのに○○」というバイアスがありますよね。「女は目立って得だよな」とぼやく男性がいるけど、女性が目立つように見えるのは、その分野に女性の数が少ないから。女性が活躍できる機会が少ないことが、社会が男性優位である証拠なんですよ……と説明しても、そういう男性は聞く耳持ちませんけど（笑）。

■なぜ日本は政治の話がタブー？

アル：竹田さんは、アメリカでは若者がラディカルで左派的な思考を抱くことに躊躇せず、環境アクティビズムにも熱心で、人種問題やジェンダー平等など社会問題に声を上げているとおっしゃってます。Z世代がSNSで政治について意見を交わしたりデモに参加したり、それをｉｎｓｔａｇｒａｍに上げるのが普通だとインタビューでも答えていて、ここが日本との大きな違いだなって。日本では政治批判しただけで「思想強い」「意識高い」と冷笑されたり、「共産党のスパイ」と言われたりする。スパイだったらもっと隠密活動するだろうと思いますけど（笑）。

竹田：アメリカでは政治の話をすることが普通なんですよ。なぜなら、いつも〝ギリギリ〟だから。いつ学校で襲撃事件が起きるかわからないし、人種差別や格差社会や環境問題も肌で実感するような社会なんです。常に危機感を持って生活しなきゃいけないことが影響しているかもしれません。

アル：アメリカのギリギリ感に比べると、日本は真綿で首を絞められるような苦しさがあるかもしれません。同調圧力が強くて、出る杭は打たれる、長いものに巻かれろという社会で、言いたいこと言えないポイズンみが強い。日本だって生活は大変だし、新自由主義の格差社会で苦しいはずなのに、苦しみから目をそらして思考停止している人が多いと感じます。

自分の生活と政治がつながってないのかもしれません。自己責任教を刷り込まれて都合のいい奴隷にされている、そういう大人を見ていたら、そりゃ若者は声を上げようと思いませんよ。

竹田：たとえばカリフォルニアでは「良い就職をして結婚して子どもを持つ」といったルートがどんどん「当たり前」ではなくなってきています。大学に進学しても莫大なローンを抱えなきゃいけないし（近年大幅に授業料が値上げされ、学生ローンを借りる人が増えており、完済するには平均17年かかるというデータがある）、賃金は上がらないし、雇用は不安定で「とりあえず借金返済できればいい」というレベルです。環境破壊も進んでいるので10年後に生きているかも不安で……という状況で「今を大事にしよう」と考える人が増えています。「持続可能な社会を作る」と「今を生きたい」は矛盾しているように見えるかもしれませんが、今を生きたいからこそデモやストライキに参加して改善を求める人も多い。未来のために今動かないと、人生の手応えを感じられなくなってるんですよね。

アル：海外で暮らす友人たちは「こちらでは政治の話をするのが普通だし、むしろ政治の話をできないと大人だと認められない」と言います。私は「アルテイシアの大人の女子校」という読者コミュニティや「ジェンダーしゃべり場」というイベントを運営してるんですが、「周りの人とは政治やジェンダーの話をしづらいから、こういう場があって助かる」とよく言われます。
日本で政治の話がタブーとされる理由として、民主主義教育や主権者教育のなさが大きいと思います。「選挙に行っても変わらない」「自分の意見や一票には価値がない」という諦め感が強くて、「自分には社会を変える力がある」という自己効力感が低い。私と同世代でも「どうせ変わらない」と言う人たちがいて「我々世代が政治に無関心で沈黙してきたから日本はこんな有り様になってるのに、反省はないのか？」と思いますよ。

竹田：日本では学校でも政治の話がタブーとされてますし、今の若者は自民党政権の中でずっと育ってきているので、生活ベースで危機を感じなければ変える必要はないと思うのかもしれませんね。

アル：日本も危機的なタイタニック状態なのに……。民主党政権は3年しか続かなくて、日本がどんどん沈んでいるのは自民党のせいなのに、変わらなすぎて感覚が麻痺しているのかも。

教員の友人たちは「選挙について教えろ、でも政治の話はするな」とトンチみたいなことを上から言われるそうです。戦争反対って話をしただけで「政治色が強い」と校長から怒られたって話も聞きました。教師が教えたくても教えられない状況があるんですよね。
韓国の友人は「デモは日常茶飯事だった」と言ってましたし、対談した楠本まきさんからは「イギリスでは市民がストライキを応援している」と聞きました。自分が不便を被っても応援するのは、自分たちには労働者として権利があることを知っているから。一方、日本だとストに対して「迷惑かけるな」と謎の経営者目線で叩く人が多いです。日本は「迷惑かける な教」が強いですが、自分が「迷惑かけちゃいけない」と我慢しているから、権利を主張する人に対して「あいつらはズルい、ワガママだ」と許せないのかもしれません。

竹田：日本の中学に通っていた友人から聞いたんですが、色付きリップをつけていたら、同級生に密告されたそうです。それで先生に注意されたので「どこにそういうルールが書いてあるのか？」と聞いたら、同級生に「なんで先生の言うこと聞かないんだよ」と責められたんだとか。

アル：中学生から奴隷根性を刷り込まれているのか……つらたん。「なぜ色付きリップがダメなのか？　そんな校則は理不尽じゃないか？」と批判的に考える方向にはいかないわけですね。

竹田：監視側につくことによって、自分の意見を持たなくても、自分が権力を持ったような気持ちになれるのでしょう。そのルールが理不尽だったとしても、権力者側に従ってる自分は「いい子」だと思いたい人も多いんだろうなって。

アル：ネトウヨなどもそうですが、強者側／権力側につくことで、自分も強者／権力者になったように錯覚するのかもしれません。自分は支配されて搾取される側だと気づいてないんですよね。

日本の学校では下着や靴下の色まで指定したり、地毛を黒く染めさせたりする校則があります。「みんな同じであれ」と管理しておいて「自分らしく生きろ」「自分の意見を持て」って言われてもどうやって？　って話ですよ。私は中高がキリスト教系の女子校だったんですが、校則がほとんどなくて、人権教育が充実していました。差別や貧困や日本の戦争加害についても学んだし、ボランティア活動もさかんでした。日本でそういう教育を受けられたのは学校ガチャに当たってラッキーだっただけなので、すべての子どもが学べるようにするべきだと思います。でも映画『教育と愛国』とか見ると、どんどんヤバい方向に進んでますよね……。

■自己責任と同調圧力

アル：アメリカの若者は現実が厳しいからこそ、声を上げて改善を求めている。日本は若者に限らず、長時間労働で政治にコミットする時間も余裕もないって人が多いのかも。その気持ちはわかるんですよ。私もバイト漬けだった大学時代は明日の米や来月の家賃のことしか考えられなかったから。その頃より日本はもっと貧しくなって、いまや大学生の約半数が奨学金を受給していて（日本学生支援機構「令和2年度 学生生活調査結果」より）、風俗の求人広告に「奨学金一括返済」と載っていて、返済を苦に自殺する若者もいる。親の経済格差が教育格差につながり、貧困の連鎖が止まらないナウな状況です。

一方、北欧などでは学費が無料で生活費の支援も充実している。自分たちが苦しいのは政治のせいなのに、「稼げない自分が悪い」と自分を責めている人たちに、フェミニズムを知ってほしいんですよ。「パーソナル・イズ・ポリティカル」だと気づけば、自分が生きやすくなるし、政治にも興味が向くんじゃないでしょうか。

竹田：日本では「成功者は努力して優秀だから勝ち上がった」という考えが強い

ようですが、裏を返せば「こんなに惨めな生活をしているのは自分の努力が足りなかったせい」という「自己責任」の気持ちがあると思うんです。

でも自分のせいだと認めたくない気持ちもあって、それが政治や権力者に向かうんじゃなく、外国人やトランスジェンダーの人など、より弱い立場への差別的な感情に移っているんじゃないかって思います。

アル：生活保護バッシングとかもそうですよね。自分たちは賃金が低くて苦しいのに、あいつらはズルいっていう。そうやって怒りや不満の矛先をそらして、得をするのは権力者です。

竹田：権力者ではなく社会的弱者を攻撃する構造は、アメリカの保守州と近いと思います。「共和党は絶対に自分たちの味方をしてくれる」と信じているからトランプを支持する人も多いですが、実際は必ずしもそうではなく、たとえば女性の場合は中絶禁止法が施行されることなどで、いざとなった時に自分で自分の首を絞めかねない状態です。

アル：トランプは新型コロナウイルスを「チャイナウイルス」と連呼して、アジア系の人々に対する差別が激化しましたよね。2020年にはニューヨーク州だけでもヘイトクライムが867%も増加しているという記事を読みました。社会的に弱い立場の人にしわ寄せがいく、私は関西に住んでいて同じようなことを感じます。維新政治によって医療や福祉や教育がどんどん削られて、コロナ禍では病床が削減されて死者数が激増する最中に大阪府知事が「うがい薬がコロナに効く」と発言して、いい加減ヤバさに気づくかな……と思いきや、選挙では維新が圧勝。86歳の義母が「吉村さん頑張ってるやん、いっぱいテレビに出てるし」と言うのを聞いて、頭を抱えました。

竹田：維新政治を批判する人は少ないんですか？

アル：私のXのタイムラインには溢れてますけど（笑）、そもそも日常の中で政治や選挙の話をしづらいんだと思います。政治や選挙に限らず、人と違うことを言っちゃダメとか、〝正解〟を言わなきゃいけない空気がありますよね。

海外留学していた教員の友人たちは「日本の学生はおとなしい、意見を言わない」と口をそろえて言います。たとえば北欧では教科書をあまり使わず、ディベート中心で授業をするそうです。「もし意見が違っても、あなたを否定してるんじゃなく、色々な意見があって話し合うのが民主主義なんだよ」と徹底的に教わるんだとか。「みんな同じであれ」という日本とは真逆ですよね。

女友達が職場でオールジェンダー制服の話をしたら、一人の女性が「私はスカートを着たいから、スカートを選びにくくなるのは良くないと思う」と言ってたらしくて。「スカートでもスラックスでも好きな方を選べる」って話なのにズレてるし、それだけ人と違うのが怖いんだなって。

竹田：過去に日本の塾に通っていた時、英語のテストの穴埋め問題で不正解にされて、「いや自分アメリカ人ですけど?」って先生に言ったら「まだ習ってない単語だから」と言われて驚きました。アメリカでは「一つの答えが正しいわけではない」という教育を受けるし、「人と違う意見があること自体に価値がある」という考えが強いです。

アメリカは国自体が大きいですし、50もの州があって、カリフォルニア州だけでも日本より大きい。色々な境遇の人がいるので要求も多様で、地域から国のことまで議論点が多いので、日常でもディスカッションすることが多いんです。

アル：日本ではひろゆきの「ハイ論破」「それってあなたの感想ですよね」を小学生が真似していて世も末です。そんなの議論じゃなく子どものケンカですよ。

竹田：ただアメリカ人は「違う意見を言うことが大事」と教育を受けているからこそ、無意味に逆張りしてくる人もいます。心の中で「こいつ嫌な奴だな」と思っても（笑）、だから話さないとはならないですけど。

取材でそのような話をすると「控えめな日本のZ世代がダメということですね」なんて言われることがあるのですが、そうではなくて社会構造の違いです。アメリカの場合は自己主張がサバイブの方法なんです。たとえば問い合わせしたら延々とたらい回しにされるとか、日本みたいに「お客様は神様」という感覚がないから、主張しないとナメられます。子どもの頃からおとなしくしていると、先生に相手されないし評価が低くなる。自己主張しなければいけないことがストレスになっている人もいるんですよね。

アル：ガッツがないと暮らせない、自己主張しないとナメられるって話はよく聞きますね。海外赴任になってストレスで10キロ痩せた友人もいます（笑）。そのぶんタフになって交渉力も身についたと言ってました。

竹田：子どもたちはそういう社会に適応しながら大人になるので、なんとなく聞こえの良いことを言うのが上手になりますね（笑）。

■隣人愛と社会的責任

アル：中高時代、私は礼拝の時間ずっと寝てたんですが、それでもキリスト教の

「隣人愛」は叩きこまれました。困った時はお互いさまで助け合うのは当たり前という感覚です。

日本の人助けランキングがビリから2番目という調査がありましたが、社会活動やボランティアや寄付に対して「偽善／売名」と冷笑する空気がありますよね。私もその手の悪口を言われますが、自分に少しでも影響力があるならば、それを社会を良くするために使いたい。本気でそう思ってるのに「偽善」ってなんやねん、みんなが損得で動くと思うなよって大層ムカつきます（笑）。

竹田：日本では社会的な責任を果たすことを学ぶ機会も少ないですよね。アメリカの子どもたちに社会的責任について聞いたら、「私は子どもかもしれないけど、一人の市民として意見は大切にされるべきだし、子どもの抱えている問題に大人は耳を傾けるべき」って言うと思います。

日本（特に東京）は知らない人は手助けしないとよく言われますが、その一方で、仲間は大事にしますよね。たとえば友人の引っ越しを手伝ったりとか。アメリカだと個人主義化しすぎて「頼みごとをするなら人を雇えばいい」という考えが強いかもしれません。あと個人的な感覚ですが、アメリカ人は上手いこと言うことに長けているから、重そうなことを言ってるようで、言葉が軽いんですよ

(笑)。

アル：そうなんだ(笑)。

竹田：日本人は気持ちを打ち明けるのに慣れてないからこそ、本音が出た時の言葉の重さがありますよね。対話に慣れてないからこそ、ちゃんと話そうとした時の言葉の真摯さが違うと思います。

アル：ああ～それはわかる。口下手な人が一生懸命に話してくれた言葉にぐっとくることは多いです。あと授業では発言しなかった生徒さんの感想を読むと、いろんなことを真摯に考えていて感動します。家父長制の強いヘルジャパンでは大人が子どもや若者をリスペクトしていないから、子どもは安心して意見を言えないのかもしれません。

■整形はダメだと思いますか？

竹田：アメリカも若い女性の摂食障害は深刻で、K-POPアイドルに憧れて「1週間でりんごを一個しか食べない」といったダイエットをする子もいます。ただそれは自分軸の美しさの追求であって、必ずしも「モテ」とは繋がってないんですよね。

アメリカでも最近この傾向が増してきたのですが、特に日本では女性の若さや容姿が過剰に商品価値を持たされていることもあり、「モテを意識した容姿を追求し、金持ちの男と結婚する」といったものが一つの理想のルートとして確立されつつあるように感じます。


アル：私が20代の頃の方が、モテ至上主義が覇権を握っていた気がしますね。女性誌や広告もモテモテモテモテの一色だったし。

現在も「男にモテて金持ちと結婚したい」派の残党がSNSで目立ってる一方、巷の女の子たちは「モテや男ウケは関係なく、自分の好きな恰好をしたい」派が増えてるんじゃないかな。メーカーの下着部門で働く友人も「ワイヤー入りブラがまったく売れない」と嘆いてましたが、自分の好みや居心地の良さを追求して、エフォートレスや脱コル（脱コルセット。女性を束縛するものや「女らしさ」の押しつけからの解放）の方向に進んでいる一方、整形YouTuberや美容インフルエンサーに憧れて容姿に課金しまくる子もいますよね。

整形YouTuberは「整形して自分に自信を持てるようになった」と言うけど、整形しないと自信を持てない社会に問題があると思います。中高生から

「整形はダメだと思いますか？」とよく聞かれるので「私も若い頃は容姿コンプレックスの塊だったから整形したい気持ちはよくわかる。でも容姿以外で自信の持てるものが増えたり、容姿関係なく自分を好きになってくれる人が増えることでコンプレックスが軽くなったよ」みたいな話をします。

竹田：昔だったら「容姿は生まれ持ったもの」という見方が強かったのに、美容情報へのアクセスが容易になったり、化粧品や美容整形の技術が進歩したことで「ブスは努力で直るのだから、努力しないことは怠惰」と内面まで判断されるのがきついですよね。男はどうなんだって話ですけど。

アル：私が海外旅行に行って楽だなと思うのは、老若男女がタンクトップに短パンみたいな恰好でぶらぶらしてること。日本では女性がそういう恰好をしてるとジロジロ見られるし、「露出してると痴漢に遭う」「触られてもしかたない」とか言われますよね。とにかく明るい安村にそれ言うかって思います。

あと女の乳首に対する執着がすさまじい。こんなに乳首乳首騒ぐのは日本だけだし、人の乳首のことはほっとけよ！　というロゴ入りのタンクトップがほしいです。

竹田：アメリカも景気が悪いので、かつてのように若い女性が自立して稼ぐことが難しくなってるんですね。それもあって、最近はオルタナ右翼（ネット発の白人至上主義・排外主義・トランプ支持）がいわゆる「ステイアットホームガールフレンド」のインフルエンサーたちを持ち上げたり、讃えることで「俺たちの理想」を女性たちに押し付けたりしています。

「ルルレモンを着てピラティスをやってスムージーを飲んで体型維持して犬と一緒にまったり過ごす。仕事を頑張ってる彼氏のために家でご飯を作って待ってる生活」みたいなものを理想として売りつけてるんですよ。なぜこの話をしたかというと、保守的な価値観に吸い込まれてしまう子はルッキズムに囚われていることが多く、「健気に夫・彼氏のために頑張る主婦・彼女」像に憧れることで、より自分の体型に執着してしまっている人が多いからです。

アル：「男は金、女は顔」という旧態依然な価値観ですね。

竹田：ただアメリカの場合は人種的にも多様なので、そこに違いがありますね。黒人コミュニティでは痩せていて胸とお尻がない女の子は評価されない、白人コミュニティでは痩せている女の子が評価されるなど。それぞれ体型の悩みはありますが、国全体で見た時には多様なので、コミュニティ外に出た時には日本に比べて他人のことが気になりにくいと思います。

アル：おそらくどんな国に住んでいても、10代って自分の体型が気になるお年頃だと思うんですよ。スウェーデンのようにジェンダー意識が進んだ国でも、10代の摂食障害は問題になってると聞きます。だからこそルッキズムにすごく厳しくて、褒める意図であっても他人の容姿に言及すること自体がNGという感覚が浸透してるんでしょう。

たとえ綺麗ごとだと言われても、大人として「人の価値は見た目では決まらない」「人の外見に対して何か思っても口に出すのはマナー違反」と伝えていくのが大事だと思います。

■真のセルフケア・セルフラブとは

竹田：日本ではセルフケアやセルフラブについて「自分の機嫌をとるために高いチョコレートを買う」「高級エステに通う」など消費文化と繋げられがちですが、それは誤解です。

元々は黒人が人権を獲得する運動の時に、闘ってばかりだと疲れるから、コミュニティの中で支え合うなど、外向きに力を出すだけではなく自分にも目を向けようという話からはじまりました。たとえば自分を大切にしてくれない人と付き合ってることで悩んでいるなら、それは「自分は大切に扱われなくていい」とどこかで思っているから。だから雑な扱いをされても我慢してしまう。つまり「自分を正当に扱ってない＝セルフラブしてない」ってことなんですよ。

ただ、日本においてセルフケア・セルフラブが理解されるのは難しいと思う部分もあって。謙遜や自己卑下が文化として根付いてしまってる以上「自分はダメなんです」って言ってた方が人気が出る構造がありますよね。

アル：日本を出て海外で暮らす女性たちから「ついクセで自虐したらドン引きされた。日本では自信のある女性は生意気だと叩かれるから、日本社会で女性に期待される振る舞いをしていたことに気づいた」と聞きます。

日本の女性は世界一優しいとか怒らないとか言われますけど、それってナメられてるってことですからね。韓国人の女の子から聞いたんですが、韓国人男性の間では「日本の女の子は優しいから、韓国の男を好きになってくれる」という迷信があるそうです。好きなのはBTSであって、おまえじゃないぞと（笑）。

あと彼女が日本語を勉強してると言うと「やめて〜きもちいい〜」ってからかわれるそうです。AVの影響で「やめて」が拒絶ではなくエロい言葉だと誤解されてるんですよね。海外で日本人女性が「日本の女の子は半分くらいがポルノに出てるんでしょ?」と聞かれたり、「日本の女性は義父とセックスしなきゃいけないの?」と聞かれたり、AV由来の盛大な勘違いが日本人女性を危険な目に晒してる現実があります。

竹田：それに対して自覚的であるかどうかがポイントだと思います。性差別や性搾取に気づかない方が楽だし、自覚した方が生きづらさを感じるでしょう。でも現実に被害が起きているので、ちゃんと向き合わなきゃいけないフェーズに来ていると思います。

アル：本当に変わるべきは社会なんですけどね。でも当事者である女性たちが声を上げないと変わらない、という現実がありますよね。私も20代の頃は、見ない方が楽だと思ってました。いちいち痛みを感じてたら生きていけないから感覚を麻痺させてました。でもやっぱり傷ついていて、その痛みを誤魔化すために酒やセックスに依存してました。

私はフェミニズムに出会ったことで、奪われた自尊心を取り戻せたんです。だから40代の今の方が元気はつらつに生きてます、坐骨神経痛はつらいけど(笑)。

竹田：大丈夫ですか?(笑)

アル：坐骨神経痛は、尻から岩を産む感じの痛みです。坐骨神経痛が悪化しないために毎日ストレッチを続けてます。他人の評価とか関係なく自分のためだけに体をケアする、これぞ真のセルフラブかもしれません。

竹田：（笑）。私に取材依頼をくれる方は女性が多いのですが「言葉を学ぶことによって怒りが増えた」とよく言われます。自分に言葉がないと、自分が感じている理不尽さを生み出す社会構造や仕組みも言語化できない。すると自分が感じている怒りも「自分のせいだ」と呑み込んでしまう。でもフェミニズムを知ることで、社会が悪いのであって自己責任ではないことがわかり、怒りを言語化できるようになったと。

アル：私も読者の女性から「怒っていいんだって気づいた」とよく言われます。それでセクハラ上司に「やめてください」と怒ったら、上司がびっくりして謝ってきて、それ以来ピタッとセクハラされなくなったとか。「私がいま元気に働けてるのはアルさんのおかげです」とかお手紙をもらうと、フェミニズムの力を感じて涙が出ます。

理不尽なことをされて怒れるのは自尊心がある証拠ですよね。それは「自分を正当に扱うこと＝セルフラブ」にも繋がると思います。

竹田ダニエル

1997年生まれ、カリフォルニア州出身、在住のジャーナリスト・研究者。現在カリフォルニア大学バークレー校研究員。「カルチャー×アイデンティティ×社会」をテーマに執筆。著作に、『世界と私のAtoZ』、『#Z世代的価値観』、『SNS時代のカルチャー革命』(ともに講談社)、『ニューワード ニューワールド 言葉をアップデートし、世界を再定義する』(集英社)。

―コラム― この子たちは貝なのかしら？

中高大学で授業をする時、ダニエルさんの本をよく紹介している。『アメリカでは「一つの答えが正しいわけではない」という教育を受けるし、「人と違う意見があること自体に価値がある」という考えが強い』。こうした文化や教育の違いを若者に知ってほしくて。

アメリカでは自己主張がサバイブの方法であり、自己主張しないとナメられる、とダニエルさんは話していたが、日本では自己主張すると叩かれる。女は特に「わきまえない女」として嫌われる。

そんな社会構造の違いがあるので、日本の若者がダメだなんて思わない。ただ、たとえばとある大学に授業に行き、「意見や質問はありますか？」と聞いても完全黙秘する学生たちに遭遇すると「この子たちは貝なのかしら？」と不安になる。なんとか意見を引き出そうとマイクを向けると、もじもじしながらぼそぼそと「ジェンダーは大事だと思いました」などテンプレの感想が返ってくる。その表情からは「正解を言わなきゃいけない」「間違ったことを言うと笑われる」という不安や怯えを感じる。

授業の後、教員や事務の方から「うちの学生は本当に意見を言わなくてすみません」と謝られることも多い。「いつも貝っぽい感じですか？」と聞くと「そうなんです、だから就活で苦労するんですよ。面接の練習で自己アピールは？と聞いても答えられないし、グループディスカッションでも全然意見が出なくて」と返ってくる。そんな嘆きを聞きながら、練習してないのにできるわけないよなと思う。

それに日本では大人だって意見を言わない。ジェンダーや社会活動に関心の高い人が集まる場では活発に意見が出るけど、自治体や企業の講演に行くと、大人も貝のように黙っている。そりゃ子どもも意見を言わなくなるわと思う。

中学でジェンダーを教える教員の友人が「自分の思考や感情を言語化するトレーニングを続けたら、生徒たちの言語化能力が格段にアップした」と話していた。練習すればできるようになるのだから、やっぱり子どものせいじゃないのだ。

一方、トップレベルの高偏差値校に行くと意見や質問がジャンジャン出てくる。質問が多すぎて時間切れになり、休み時間や放課後まで質問に並んでくれることもよくある。

「国際社会で通用する人間になるためにジェンダー感覚を磨きたい」とか「自分たちのようなマジョリティ側が積極的に学ぶべきだと思う」といった感想ももらう。「フェミニストを論破してやる！」とやる気満々の男子もたまにいるが、貝よりは手ごたえがあって良い。

知的好奇心や思考力の高さなど理由はいろいろあると思うが、なにより成績優秀な彼らは自分に自信があるし、意見を聞いてもらえる環境にいるのだろう。

いわゆる「困難校」と呼ばれる学校に授業に行くこともある。先生たちいわく、貧困や虐待などの家庭問題を抱える生徒が多く、親や周囲から尊重されずに育っているため「自分はダメだ」「勉強のできないバカだ」という自己否定感が強いそうだ。

「この子たちは大人にちゃんと話を聞いてもらった経験がないし、大人を信用してないんです。だからまずは信頼関係を築くところから始めるんですよ」と話してくれた先生は、めっちゃオカンみが強かった。「あんたそんな恰好してたら風邪ひくで」「ちゃんとごはん食べたんかいな」と生徒に話しかける姿に「ママー!! ウ~ウウウ~」とフレディ顔で飛びつきたくなった。

「入学当時は校舎の窓ガラスを壊していたけど、先生のおかげで勉強や読書の面白さに気づいたんです」という生徒さんにも出会った。その学校では経済的事情から就職を選ぶ生徒が多いが、彼女は奨学金を借りて大学進学することに決めたらしい。

とある公立高校(偏差値はあまり高くない)でも意見や質問がジャンジャン出た。そこは生徒たちが仲良しでクラスの雰囲気がはちゃめちゃに良かった。いわゆるバイブス最高! ってやつである。

その学校は人権教育やインクルーシブ教育に熱心に取り組み、生徒たちが安心して話せる場づくりに尽力している。校則もゆるく風通しの良い自由な校風で、なにより教師が生徒を尊重していることが伝わってきた。大人がリスペクトのお手本を見せれば、子どももリスペクトし合うようになるのだ。

ちなみにその学校は女子率が高いのだが「女子が多いと男子が穏やかになる」

「入学当時はオラついてた男子もオラオラしなくなる」と先生が話していたのが印象的だった。「強くあらねば」と男子が虚勢を張らなくてすむのかもしれない。

やっぱり環境って大事やなあ。とテンプレの感想を述べる私は教育のプロではなく、あくまで外野の素人だ。だからわかったようなことは言えないが、ひとつ言えるのは現場の先生たちが忙しすぎることだ。それでも必死で生徒を支える先生たちを支えるために、教員の待遇改善など外野が声を上げるべきだろう。


支え合いは……ほんまに大事やで……と息も絶え絶えな兵庫県民である。兵庫県知事選について書こうとしたら8万字ぐらいになりそうなので、別の機会にするとして。おらが街でも浪速のトランプ現象みたいな異常事態が起きて、これまでも地獄と思ってたけど全然マシな地獄やったんやな、と白目になっている。

その渦中でダニエルさんの言葉を反芻していた。「（セルフケアやセルフラブは）元々は黒人が人権を獲得する運動の時に、闘ってばかりだと疲れるから、コミュニティの中で支え合うなど、外向きに力を出すだけではなく、自分にも目を向けようという話なんです」

私もフェミ友たちと支え合うことで正気を保てた。開票日の夜はみんなで集まり、怒りや悲しみや不安をシェアした。

「竹田ダニエルさんに教えてもらったんだけど、日本ではセルフケアやセルフラブが誤解されてるらしいよ。高級チョコやデパコスを買って自分にご褒美的な……」と話していたら、友人の1人に「デパコスって卑猥な言葉かと思ってた！」と言われて仰天した。「出っぱってるものをこする時な意味かと」「なんでそんな解釈になるの」と大笑いしていたら、生きる気力が湧いてきた。

対立と分断を煽る手法に負けるわけにはいかない。私たちは連帯して生き延びる。現場で体を張って抗議した人々がいたことを忘れてはならない。それを後世に伝えるためにも長生きしてやる。

そうみんなで誓い合った神戸の夜。ダニエルさん、これからもいろいろと教えてください。そしてこの地獄をともに生き延びましょう。

6

「私が感じてきた生きづらさは、自分のせいじゃない」

藤井サチ

■なんで生理は自己責任？

アル：「ViVi」２０２３年7月号で、長谷川ミラさんとフェミニズムについて対談してましたよね。私も同じ号で取材を受けたのですが、若い女性向けのファッション誌でフェミ特集が組まれることに時代の変化を感じました。フェミニズムに興味をもったきっかけってありますか？

藤井サチ（以下、藤井）：母がフェミニストという環境で育ったのですが、実際にどういうものかは最近まで知りませんでした。男性から「フェミニズムは可愛くない女性が考える問題だ」と言われて衝撃を受けたこともあります。

アル：令和になっても「フェミ＝ブスのババア」で時が止まってる人がいますよね。私は「古風な考えですね～安土桃山生まれですか？」と返します。

藤井：（笑）。フェミニズムについて勉強するようになって、こんなに楽しいんだ！　って感じてます。

アル：そうそう！　フェミニズムを学ぶと世界の見え方が変わるから楽しいんですよね。若いファンの多い藤井さんがそんなふうに発信してくれて嬉しいです。「フェミニズムって楽しそう」って思ってもらわないと、フェミニズムが広がらないから。

藤井さんは「ViVi」のフェミニズム特集で、クオータ制について『政治や経済は、今が男性に偏り過ぎていておかしいんだから、それを是正していこうってだけだよね。女性を公平なスタートラインに立たせてほしい！』と話してますよね。その通り！　と膝パーカッション連打でした。政治に興味を持つきっかけはあったんですか？

藤井：24歳になった頃から、友達が次々に結婚し始めたんですけど「子どもが欲しいけど経済的な理由から今は無理」と言っていて。子どもが欲しいのに持てないなんておかしくない？　と調べてみたら、30年間賃金が上がってないことや、社会保険料の負担が増えてることを知って、政治が私たちの生活に大きく影響してることを実感しました。国会議員の84％が男性（2024年4月現在）なら、男性中心に社会が作られていくのも当然だと思います。

アル：「女性に家のことを丸投げして長時間労働できる男性」を基準に社会が作られてますよね。約20年前は世界の半数以上の国で女性議員は1割未満だったのが、クオータ制によって女性議員がどんどん増えました。今では130以上の国と地域がクオータ制を導入してるけど、フランスなど諸外国も罰則がないうちは増えなかったんですよ。日本も努力義務ではなく実行力のある制度が必要です。じゃないと自分のパイを奪われたくないおじさんたちは本気出さないから。

藤井：今が男性に偏り過ぎているのに「クオータ制は女性優遇、逆差別」って言う人もいますよね。

アル：中高生にクオータ制の話をすると「性別じゃなく実力で選ぶべきでは？」と質問されるんだけど「今の大臣のおじさんたち、実力で選ばれてると思う？」と聞くと「ああ〜」と理解してくれるので便利（笑）。

たとえば以前『USB大臣』が話題になりましたよね。サイバーセキュリティー戦略を担う60代の男性大臣がコンピューターを使った経験がなく、「原子力発電所内でUSBメモリの使用は許可されているのか？」と会見で聞かれた際、質問の意味が理解できなかったっていう。USBがわからない人がどうやってサイバー攻撃から国を守るのか。私たちの生命や安全に直結する問題であり、政治に無関心でいても無関係でいられる人はいないんですよ。

藤井：本当にそうですね。私も緊急避妊薬（アフターピル）をタイの薬局で買ってみたら約250円だったというTikTok動画を見て、衝撃を受けました。日本だとようやく薬局での試験販売が行われているところですよね（2025年

3月末まで試験販売の予定)。

アル:試験販売する薬局も全国でたったの145ヵ所とあまりにも少なすぎる。アクセスを悪くしておいて「ニーズはありませんでした」という結論にしたいいんじゃないかって疑いますよ。

藤井:あとトイレットペーパーは当たり前のように無料で置かれて、どうして生理用ナプキンは自分で用意しなきゃいけないんだろうって思います。生理痛やPMS(月経前症候群)を軽減させるために低用量ピルも必要なのに、なんで自分でお金を払わなきゃいけないんだろうって思うようになりました。

アル:生理だって尿や便と同じ生理現象だし、そもそも生理があること自体が大きなハンデなのに、全て自己責任なんておかしいですよね。日本は低用量ピルの認可が約40年も遅れた一方、バイアグラはたった半年で認可された。女に生殖の自己決定権を渡したくない、家父長制を守るのが俺の使命だ! みたいなおじさんたちが政治の中心にいるからです。

生理の貧困が話題になった時、学校のトイレにナプキンを置くことについて「保健室で申告制にするべきだ」と言い出すおじさんがいて「あなたはうんこするたび紙くださいっていってもらいにいくんですか?」と聞きたかった。

藤井：ほんとそう。被災地でも平等にするために避難所でおじさんが1人2枚ずつ配るみたいな話もありましたが、全然足りないですよね。それに、おじさんにナプキンくださいなんて言いたくないですよ。

■摂食障害になって気づいたこと

アル：私は共学の大学に進んで、男子からブスデブと言われ、ダイエットにハマって過食嘔吐するようになりました。当時は「自分がブスでデブだからダメなんだ」と自分を責めたけど、フェミニズムに出会って「パーソナル・イズ・ポリティカル」というスローガンを知って救われたんです。人の容姿にあれこれだこうだ言う方がおかしいし、ルッキズムを容認・助長している社会に問題があると気づきました。

藤井：私も摂食障害になって数年間治療をした経験があるんです。15歳の時にモデルを始めて、誰かに痩せるよう言われたわけでもないのに「もっと痩せなきゃダメだ」って思っちゃって。そこから世の中にある全てのダイエット方法を試して、身体を痛めつけるようなダイエットもしました。

それで一旦は痩せたものの、心身のバランスがとれなくなって、過食嘔吐するようになって。結局ストレスで12キロリバウンドをしました。当時はメディアの価値観も古かったので「もう少し痩せないと撮影に呼べない」と言われて、ストレスを感じてもっと太ってしまう……という負のスパイラルに陥りました。

アル：それはつらかったですね……。成長期の体重が増えるべき時期に「痩せなきゃダメだ」と思いつめると、過激なダイエットに走っちゃいますよね。

藤井：当時、私が憧れていたのは「ヴィクトリアズ・シークレット」のモデルで、人間離れしたプロポーションの方々がかっこよく歩いてました。でも世の中の変化とともに、ヴィクトリアズ・シークレットでも体型や肌の色など多様なモデルが起用されるようになった。その時に「痩せている＝美しい」というメッセージを勝手に受け取っていたと気づきました。

アル：女性は男性の10倍も摂食障害になりやすいそうです。それだけ「痩せている＝美しい」という呪いが強いんですよね。ティーンに人気のモデルやアイドルはスリムな体型ばかりで、それを理想にしてしまうと「自分はなんて醜いのだろう」と思ってしまう。だからこそ、多様な美のロールモデルが必要だと思います。

藤井：当時、街中で脱毛や整形の広告の「綺麗になれ」というメッセージをたくさん目にすることにも気づいて。そういうものから自分に呪いをかけていたのだと腑に落ちました。フェミニズムを勉強していく中で、私が感じてきた生きづらさは政治や資本主義社会の構造の問題であって、自分のせいじゃないと思えた時、すごく楽になりました。

アル：モデルのお仕事をしていて、今でも「痩せなきゃ」と思ったり言われたりはしますか？

藤井：モデル業界はここ2〜3年で良い方向に変わってきたと思います。最近の大きなファッションイベントでは、モデルを本業とする方だけでなく、ＹｏｕＴｕｂｅｒさんも出演するようになって一番声援が大きかったりする。雑誌もかつては「夏までにマイナス３キロ」「男性にモテるためのコーディネート」といった特集だったけど、今は「自分モテ」という方針になってます。それでも「どうしたら痩せられますか？」というＤＭが届くので、痩せてる方が綺麗だと思う子が多いと感じます。私は3年ほど前にＹｏｕＴｕｂｅを始めたんですよ。クリックしてもらえることは大事なので、サムネイルには「マイナス12キロ達成した方法」といった強い言葉を書くんですけど、動画内では「なんで痩せたいと思うんですか？」と問題提起する内容にしてます。

アル：動画を見た人が呪いに気づくといいですね。日本の若者は自己肯定感が低いと言われますが、社会や教育の責任が大きいと思います。

フィリピンと日本のミックスルーツの20代の女友達がいるんですけど、周りの男子たちから肌の色をからかわれて、コンプレックスを刷り込まれてしまって。SNSに載せる写真も美白アプリで肌の色を明るくしてたそうなんです。でもインターナショナルスクールに通っていた女友達から「そのままのあなたが最高だよ！」と言われて、呪いが解けたんだとか。その後は補整なしで写真を載せられるようになったと話してました。

言葉は呪いになることもあれば、呪いを解いてくれることもある。「細かいこと気にしなくても」とか言う人には、言葉の力をナメるなと言いたいです。

藤井：その「白い方が美しい」という価値観って日本特有のものですよね。私も「肌白いね」と言われることが多いのですが「だからなんだろう」というのが正直なところです。ニューヨークの友達に話したら「日本って不思議だね。焼いてる方がセクシーじゃん！」と言われました。

アル：スウェーデンの親せきもすきあらば日光浴してますよ。日本の女性が日傘とサンバイザーとUV手袋で完全防備しているのを見て「吸血鬼？」って聞かれました。

藤井：シミとか肌の老化がイヤで日焼け止めを塗るのは理解できるんですけど、とにかく白くなるためにあれこれするのは意味がわからなくて。これも「美白は良いもの」という刷り込みですよね。

ただ、ジェンダーもルッキズムも価値観をアップデートできてない人もいますが、必ずしも個人のせいではないと思っていて。私の祖母は90歳ですが、「いつ結婚してくれるの？　子どもはいつ？」と毎回言われて「私は今は結婚したくないし、仕事が楽しいから、もう少し待っててね」と対話するようにしてます。私は運良く価値観をアップデートする機会があったものの、そうじゃない人も多いですし、穏やかに伝えられるくらいの心の余裕は持てるよう意識してますね。

アル：そうそう、私は「みんなアップデートの途中」を標語にしてるんですよ。保育園からジェンダー教育をする北欧なんかと違って、私たちは学校でジェンダーについて教わる機会がなかった。それは個人の責任じゃなく、政治や社会の責任ですよね。だから、知らなかったり間違ったりすることを責めすぎるのもどうかと思うんですよ。間違ったことのない人なんていないし、間違いを指摘されたときに反省して改善できることが大切ですよね。「俺は間違ってない!!」と逆切れする政治家とかは鬼に食われてしまえと思いますけど（笑）。

私はよく出張するんですが、年輩の女性から「旦那さんは許してくれるの？」と聞かれて、その瞬間は「なんで夫の許可が必要なんや」とモヤるんですよ。でも、その世代の女性たちは何をするにも夫の許可が必要だった、自由を奪われてきたんだなあ……と考えると「お疲れ様でした」といたわりと友愛の気持ちが湧くんです。だから「家父長制を憎んで罪を憎まず」も標語にしてます。

藤井：私もまだまだ勉強を始めたばかりで、間違えてしまうこともあって。この間、お子さんが産まれたばかりの女性スタッフの方に「今日は夫さんが見てくださってるんですか？」って聞いちゃったんです。あとから、男性にはそういう聞き方をしないのだから女性にだけ聞くのはおかしいかも？と思って「さっきはこういう言い方をしちゃってごめんなさい」って謝りました。

アル：素晴らしい!!「男女逆だったら言うか？」と考えると、無意識のバイアスに気づけますよね。

私の女友達は出産後半年で仕事復帰して、夫が1年半の長期育休を取って子育てしてるんですね。彼女は「あなた幸せ者ね〜旦那さんに感謝しなきゃ」と言われまくってうんざりしてます。そのたびに「ですよね～」と笑顔で同調せず、「男女逆なら言いませんよね？」と真顔で返すそうです。

藤井：そんなふうに相手に伝えることによって、気づきの輪が広がるんじゃないかなって思います。

■当時は性暴力だとわからなかった

藤井：アルテイシアさんの本にも書かれてますが「アクティブ・バイスタンダー（行動する傍観者）」という言葉を最近知りました。痴漢やセクハラの現場に居合わせた時、声をかけるだけでもいいと知り、今までは介入するなら最後まで責任を持たなきゃと思っていたのでハードルが下がった。ぜひ多くの人に知ってほしいです。

アル：2020年に性教育YouTuberのシオリーヌちゃんと動画を作って、当時も話題になったし、最近はNHK『あさイチ』でも取り上げられました。被害者は周囲の無関心にも傷つくので、後から「大丈夫ですか？」と声をかけてもらうだけでも、社会に対しての信頼を回復できるし、支援にも繋がりやすくなる。最近は第三者介入の5D（Distract：注意をそらす、Delegate：第三者に助けを求める、Document：証拠を残す、Delay：後からの対応、Direct：直接介入する）がメディアで取り上げられることも増えました。

藤井：痴漢の話をした時、女の子たちが当たり前のように被害に遭った経験を話しているのがおかしいって最近やっと気づいたんです。

アル：痴漢に遭うのが当たり前という社会が異常ですよね。「春は変な人が増えるから」とか季節の風物詩みたいに語られるのもおかしい。自然現象と違って、性犯罪は加害者がいなければなくなるんだから。

藤井：性欲は生理的なものだから、こちらが服装に気をつけるとか予防しないといけないって、以前は諦めてたんですよ。

アル：排泄の欲求も生理的なものだけど、職場でおしっこやうんこをまき散らしたりしませんよね？　セクハラだって上司や取引先にはやらないわけで、自分より立場の弱い相手を選んでやってるんです。「男は性欲を我慢できない」とか言うけど、大多数の男性は痴漢なんてしないんだから男性に対しても失礼ですよ。

電車内の痴漢が減るのは7月8月だそうです。なぜなら中高生が夏休みになって電車に乗らなくなるから。それだけ子どもが狙われてるんですよ。「薄着だと痴漢に遭う」というイメージは間違いなのに「そんなに露出してるから」と被害者が責められる。スリに遭った人に「そんな高そうな服を着てるから」とは言いませんよね？　性暴力の被害者を責めるのは二次加害だということもようやく知られてきました。

藤井：二次加害が怖くて声を上げられない被害者は多いですよね。それでも声を上げた人たちに連帯したいです。

アル：「昔はよかったな〜最近は窮屈な世の中で生きづらい」とボヤくおじさんには「そうですか、私は生きやすいです」と返すけど、昔は被害者が声を上げられなかっただけなんですよ。「昔はおじさんが気軽にお尻に触ってきてよかったな〜」なんて懐かしがる女性は見たことがない。

私が広告会社に入った26年前は、部長が「おはよう」って女性社員の胸をつかんでました。それを見て「この修羅の国で生きていくのか」と震えたけど、おじさんが気を使わない世界ってそういう世界なんですよ。だから気を使って窮屈にしてるぐらいがちょうどいいんです。挨拶がわりに胸や尻に触るおじさんが駆逐されたのは、「セクハラするな」と声を上げてきた先輩たちのおかげですよね。

藤井：本当にそうですね。大物の男性芸人の性暴力に関する報道がありましたが、現場で「何年も前のことをなんで今更言うんだよ」って言ってる人がいて。私も以前、飲み会で男性に「おっぱい大きくなった？」って突然胸を触られたんですね。

アル：なんちゅうことするんや。

藤井：そのときはブチ切れて帰ったんですけど、当時はそれが性暴力だとわからなくて、時間が経ってから気づきました。相手が上司でも取引先でもなかったから、怒って帰るという選択ができたんだろうなって思います。

アル：被害者は「性被害を受けた、ひどい目に遭った」という事実を直視するのがつらくて「認めたくない」という心理もはたらきますし、被害について話せるようになるまで時間がかかることは、さまざまな調査でもわかっています。#MeToo以降、性暴力を告発する人が増えて「今の時代なら聞いてもらえるかも」と思った人、声を上げた先人たちに背中を押された人もいるでしょう。「ホテルの部屋に行った女が悪い」という二次加害の声が溢れてますが、「部屋で飲もう」と誘われて「いいですね、飲みましょう」と部屋に行ったとしても、同意したのは「部屋で飲むこと」だけ。そんなの九九で言ったら一の段です。

それにもし男性が「業界の大先輩が来るから飲みにおいでよ」と誘われたら行きますよね？　仕事につながるかもしれない、アドバイスがもらえるかもしれないって期待するし、そういう姿勢は「やる気がある」と評価されるでしょう。それが女性だと「行った方が悪い」「枕営業」と二次加害される、いまだにここは修羅の国です。

藤井：芸人さんの件でいうと、被害を告発した女性が送ったお礼メッセージの報道を見て、最初は混乱したんです。でも、被害者が自分の心を守るために迎合するケースが多いことを知りました。

アル：「迎合メール」という名前があるくらい、ありふれた行動なんですよね。あの報道を見て過去の被害がフラッシュバックした、という女性は多いです。私も取引先のおじさんに無理やりキスされた翌日「昨日はありがとうございました」とメールを送りました。相手を怒らせて仕事を干されるのが怖かったから。男性だって業界の大先輩にパワハラされても同じ行動をするんじゃないですか。

藤井：「迎合メール」も世間的にはまだ広く知られてないことなので、報道する側も「被害者心理として迎合する傾向があります」と一言でも説明を入れてほしいです。じゃないと、二次加害を煽るようなことになりかねませんよね。

■ジェンダー平等じゃない人はお断り

アル：恋愛については「ViVi」のフェミニズム特集で『ジェンダー平等じゃない人はお断り！』と話してましたね。

藤井：日本は人権やジェンダー教育を受けてない人が大多数なので、最初からわかってなくても、私が話した時にわかってくれるか、自分のバイアスに気づいて素直に学ぶ意欲を示してくれるかを大事にしてます。ジェンダーやルッキズムの話をした時に「だるっ」って言ってきたら、絶対にナシですね！

アル：頼もしいわ〜。日本列島にジェンダーイコール男子は希少種なので、伸びしろがあるか見極めるのがポイントですね、ポテンシャル採用みたいな感じで。それと、女性側が我慢しないことが大事だと思います。モラハラ夫と結婚した妻たちは我慢強いがんばりやさんが多いんですよ。優秀で努力家の彼女らは越えるべきじゃないハードルを越えようとして、我慢すべきじゃないところで我慢してしまう。

藤井：実は私は我慢ができるタイプでして……。我慢からは何も生まれないと頭ではわかってるけど、「嫌われたくない」とか色々考えて我慢してしまう。だから「いま我慢したな」って思った時に、それについて正直に話し合える人だったらいいなと思うんですよね。

アル：そうやって話し合ううちに「我慢しなくていいんだ」と思えるようになるといいですね。無理しなくていい、自分を削らなくてもいい相手を選ぶのが幸せになるカギだと思います。

藤井：アルテイシアさんのご家庭もそんな感じですか？

アル：18年の結婚生活で、夫から「あれをしろ」「これをするな」と言われたことが一度もないんですよ。先日ふと私が「頭に皿を乗せてカッパとして暮らそうかな」って言ったら、夫は「いいんじゃないか」って賛成してました。

藤井：なぜカッパとして暮らそうと思ったんですか（笑）。

アル：カッパって生き方が自由な気がして。夫にそう言うと「いやカッパの世界はわりと厳しいぞ」と言われました。この話を上野千鶴子さんにしたら「そういう人だから18年も続いてるのね」と言われて、夫に伝えたら「カッパに詳しい人ってこと？」って言ってました。

藤井：めっちゃ楽しそう（笑）。そういうパートナーを見つけられるといいですよね。

アル：そういえば、読者の女性から「マッチングアプリにアルテイシアのコミュニティがあって、フェミ男子とマッチしました！」と嬉しい報告をもらいました。最近はプロフィール欄にフェミニストかどうか記載できるアプリもあるって聞きましたよ。

藤井：それだと話が早いし、後からジェンダー観が合わないと気づくよりもいいですよね！　付き合ってみないとわからないのはダメージが大きいですから。

アル：「ジェンダーイコール検定2級」みたいな試験があるといいのに（笑）。

■バッシングは怖くない？

アル：藤井さんはフェミニズムについて発信する中で、面倒な人扱いされたことはありますか？

藤井：フェミニズムの本をInstagramに投稿したら「ついに藤井サチもフェミニストか」みたいなDMが届いたことはあります。価値観をアップデートさせてるだけなのに、なんで「フェミニスト＝怖い」ってイメージになるんだろう？　と疑問に思ってました。

アル：メディアに作られたイメージもありますよね。田嶋陽子さんもテレビで「セクハラするな」とか当たり前のことを言ってたのに「怒る女」「怖い女」みたいに印象操作されて、壮絶なバッシングを受けました。ジェンダーや政治について発信する中で、ネットのバッシングは怖くないですか？

藤井：他の友達と比べたら、私は少ない方です。友人の中には「社会を変えるためには議論が必要だから、嫌なコメントが来てもいい、話題になるだけマシ」って考えの子もいます。ただやっぱり傷つくのは傷つくので、私は見ないようにしてます。

アル：見ないこともセルフケアだと思います。でも気になって見ちゃうのもわかるんですよ。私はもうクソリプ慣れしちゃって「コバエが飛んでいるわね」って感じだけど、若い頃なら傷ついて死んでいたかもしれません。

藤井：そういう時、自分のことを本当にわかってくれて、何があっても味方してくれる人が2～3人いれば違うと思うんです。

アル：たしかに、私も安心して愚痴れるフェミ友の存在に救われてます。藤井さんは「我慢してしまう」と言ってましたが、恋愛以外でもそうなんですか？

藤井：そうですね、小さい時からの癖みたいです。今は臨床心理士さんのセラピーに通っていて、無意識に我慢してしまう自分に気づくようにしてます。日本だとセラピーの話をすると偏見的に見られてしまいがちですが、アメリカでは日常のセルフケアとして利用する人も多いです。日本でもセラピーに通うことが文化として根付くといいですよね。金額的なハードルもあるので、もっと気軽に通えるようになるといいなと思います。

アル：これだけストレス社会で自殺者も多いんだから、国がもっと補助するべきですよ。防衛費や万博にお金使ってる場合じゃないですよ。ちなみにセラピー以外のストレスコーピングってありますか？

藤井：中学生の頃からジャーナリング（頭に浮かんだことを自由に紙に書く手法。自己理解の深化が期待でき、「書く瞑想」とも呼ばれる）を続けてます。

信頼できる人に話しながら頭を整理するのも好きですが、その前に出来事を客観的に見るために書き出すことが多いです。書いておくことで、セラピーの時に「先週こういうことがあったんですけど、こうやって自分の中で解釈して改善できました」って話もできますから。それ以外にも、セルフケアの方法や自分がエスケープできる居場所をいくつか持つようにしてます。

アル：コーピングのレパートリーは多ければ多い方がいいって言いますよね。ストレスの根本原因を解決するのはなかなか難しいので、対処法を持っておくことが大事。いろいろ試すうちに自分に合った方法が見つかると思います。

藤井：最近、自分を自分の力で安心させることができるのって本当の幸せだと思うんです。もちろん恋愛してパートナーができることも楽しいけど、パートナーがいる状態が120だとしたら、パートナーがいなくても自分で自分を幸せにできて100でいられるのが私の理想です。

アル：まさにセルフケア・セルフラブですよね。こんなしょっぱい世の中で自分ぐらい自分を大切にして愛してあげなきゃ生きていけないですよ。

「最近の若者は傷つきやすくて繊細すぎる」とか言われるけど、繊細だから自分も他人も大切にできるんだと思います。自分の気持ちを大切にできないと他人の気持ちも大切にできないし、自分の感情を言語化できないと、他人と深いつながりを築くのも難しくなる。だから「繊細で何が悪い！」と胸を張ってほしいです。あと年をとると細かいことを覚えていられなくなるので楽ですよ。

藤井：年齢でいうと、私は年を重ねるにつれて、どんどん人生が楽しくなってます。中高生の頃はどうしても周りと比べて「自分なんてダメだ」って思ってたのが、大人になるにつれてその呪縛から解かれて「自分がOKと思ってるならいいんじゃん」って自信が出てきて。今27歳ですが、30歳40歳50歳……とずっと楽しみです！

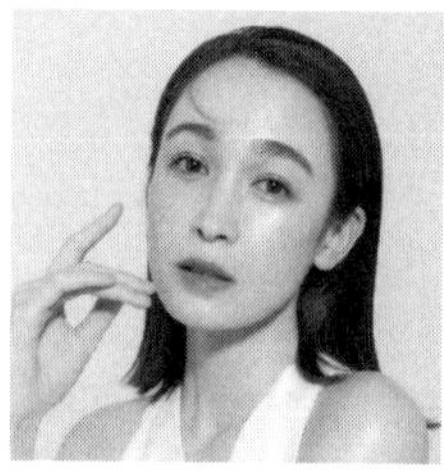

藤井サチ

1997年生まれ、東京都出身、在住。日本人の父親とアメリカ人の母親の間に生まれた3人きょうだいの末っ子として育つ。2011年、14歳の時にスカウトされ、モデルに。2012年より「セブンティーン」専属モデルに、2017年に「ViVi」専属モデルになり、現在は「CLASSY.」モデルとしても活動。2019年に上智大学を卒業し、現在はモデル、タレントとして活躍中。

—コラム— フェミニズム効果

「フェミニズムを勉強していく中で、私が感じてきた生きづらさは自分のせいじゃないと思えた時、すごく楽になれました」

まさにフェミニズムの効果を表す言葉だと思う。自己責任教を刷り込まれた我々は「自分のせいだ」と思いがちで、女性は特に自分を責める傾向が強い。インポスター症候群という言葉があるように、社会や周囲から自信を奪われているから。フェミニズムを学ぶと世界の解像度が上がる。「なんでこんなに生きづらいんだろう」とぼんやりしていた景色が「こういうからくりだったのか！」とクッキリ見えるようになる。ルテインなんか目じゃない効果である。私も「自分に問題があるんじゃなく、このクソゲーみたいな社会に問題があるんだ」と気づいたとき、長年の宿便が出たようにスッキリした。ビフィズス菌なんか目じゃない効果である。

フェミニズムは自分を守る武器にもなる。若い頃はセクハラされると「私に隙があったんじゃないか、もっと抵抗できたんじゃないか」と自分を責めた。今は性加害する側、それを容認する社会が悪いと気づいたし、自分を責めてしまうのは二次加害を助長する社会のせいだと気づいた。また、今の私は過去の自分のような被害者に「あなたは悪くないよ」と言って寄り添うこともできる。フェミニズムは他人を守る武器にもなるのだ。

人間は知識や言葉が増えると強くなる。若い頃は話が通じない相手に出会うと「私の話し方が悪いのかな」と自分を責めたけど、今は「出た！　ワタバウティズム」と気づけるようになった。「それワタバウティズムですよ、論点をずらさないでください」と抗議もできるし、まともに議論できない相手と話しても無駄無駄！　と避けることもできるし、逆に質問攻めしてギャフンとさせることもできる。

「ルッキズムという言葉を知ってダイエット地獄から抜け出せた」という声もよく耳にする。痩せなきゃダメと脅迫してくる社会の仕組みを知ることが、呪縛からの解放につながる。中高生からは特に「ルッキズムという言葉を知れてよかったです」と感想をもらう。

介護脱毛も新手の脅迫商法ではあるまいか、と以前コラムに書いたことがある。『我々中高年の陰毛が狙われているのは、金になるからだ。脱毛ビジネスにのせられてケツの毛まで抜かれないようにしよう』『介護士に迷惑かけないために陰毛を処理しなきゃ、とか言ってるジジイは見たことないし、女はババアになってまで、プライベートゾーンについてまで〝女性ならではの気づかいや配慮〟を求められるのか。冗談じゃねえわ、鬼太郎みたいに陰毛を針にして飛ばしてやろうか』

ババアに必要なのは〝女らしさ〟よりも金である。美容にお金をかけないと貯金も増えるし、フェミニズムには節約効果もあるんじゃないか。

藤井さんは「恋愛するならジェンダーについて学ぶ意欲がある人」と話していた。昨今「男尊女卑な男はお断り」という若い女性は多い。また20~30代女性の9割以上が結婚相手に「家事育児の能力や姿勢」を求めているそうだ（ちなみに男性の半数以上が結婚相手に「経済力」を求めている）。

中高年女性からは「フェミニズムのおかげで離婚できた」という言葉をよく聞

く。私の友人もそのうちの1人である。彼女も良妻賢母の呪いに囚われて、モラハラ夫に踏みつけられても離婚できなかったが、フェミニズムに出会って自尊心を取り戻せたという。「自分はこんな目に遭っていい人間じゃないと気づいたんです。でももっと早くフェミニズムを知っていれば、夫と結婚しなかったと思う。フェミの話をする女なんて面倒くさい、と近づいてこなかったはずだから」

フェミニズムはヤバい男から身を護る魔除けにもなる。盛り塩なんか目じゃない効果である。

楠本まきさんは『イギリスでは、男性が公にフェミニストを名乗るのももはや珍しくないので、ましてや女性が「自分はフェミニストじゃない」というのは、もう余程何か特別な理由でもあるのでは？　という感じがありますね』と話していた。日本ではいまだにフェミニストにネガティブなイメージを持つ人が多い。

藤井さんも「ついに藤井サチもフェミニストか」みたいなDMが届き、なんでフェミニスト＝怖いってイメージになるんだろう？　と話していたが、男性は特にフェミニストを怖がる。周りの女性たちは「フェミの話をしなくても、普通に意見や質問を口にしただけで怖いって言われるんです」とボヤいている。

ひょっとすると彼らは女に口があることが怖いんじゃないか。黙ってニコニコと相づちを打ち、ヨシヨシと機嫌をとってくれるのが「女」だと信じているから。

「私の話し方に問題があるんでしょうか？」と聞いてくる彼女らに「あなたに問題があるんじゃなく、彼らの女性観に問題があるんだよ」と返す私。そんな女性観を生み出す社会にも問題があるだろう。

私も怖い女と言われ続ける人生だったが、それを言うのは全員男性であり、女性からは一度も言われたことがない。欧米の男性からは「怖い女ってどこが？きみはすごく優しいよ。僕の母国の女性の方が百倍怖い」とよく言われる。ちなみにうちの夫も「怖いってどこが？」とぽかんとしていた。「怖い女といったら『ミザリー』のおばさんみたいな人だろう」と言っていたが、たしかにあのおばさんはめっちゃ怖い。

ジェンダー後進国では女性の声が高いという調査があるそうだ。男に怖がられないため、男の脅威にならない「かわいい女」として振舞うのだろう、それも無意識のうちに。

私も若い頃は男に好かれたくて「かわいい女」のふりをしていた。そんな男に好かれても無駄だし幸せになんかなれないことに気づかなかった。性差別の強い環境にいる人ほど性差別に気づけないという調査もある。気づけないというより、気づかないふりをするのかもしれない。

私も「こういうものだ」と諦めて、感覚を麻痺させて生きていた。踏まれるたびにいちいち痛がっていたら生きていけないから。でも心はちゃんと傷ついていて、体は悲鳴を上げていた。その頃と比べると今の方が俄然元気である。フェミニズムを学ぶことが自尊心の回復につながったのだろう。それが私にとってのセルフケアだったのかもしれない。

藤井さんは自身が経験した摂食障害や性暴力についても率直に話してくれて、強い人だなと思った。日本の有名人がフェミニズムや政治について発言するのは、勇気と覚悟がいることだ。本当に強い人とは、自分の弱さを知っている人だと思う。人間には強い部分と弱い部分があって、その弱い部分を認めてケアできることが強さなのだ。この強さとは人に勝つための強さじゃなく、生きる力としての強さである。藤井サチさん、その勇気と覚悟と知性と優しさを尊敬します。またどこかでおしゃべりしましょうね。

7

～撮りおろし～

「自分を大切にするってどういうこと？」

渡辺満里奈

■子どもに呪いをかけないために

アル：今日はお話しできるのを楽しみにしてました！　早速ですが、お子さんにジェンダーの呪いをかけないために気をつけてることはありますか？

渡辺満里奈（以下、渡辺）：長男が高校2年生、長女が中学2年生で、小さい時から「男の子だから・女の子だから」「お兄ちゃんなんだから」といったことは絶対言わないようにしてました。

アル：かなり前からジェンダーを意識してたんですね。何かきっかけはあったんですか？

渡辺：私自身が「女らしく」と育てられなかったことは関係してるかもしれません。あと20代の頃、テレビの関係者から「まだ結婚しないの？」「女はバカな方がいい。偉そうなことを言うと嫌われるぞ」と言われたりして、すごくモヤモヤして。子どもには同じ思いをさせたくないと思ったのは覚えてます。

アル：テレビ業界は安土桃山時代ですね。いまだに「女性でも運転しやすい車」みたいな表現が出てくるじゃないですか。バスの運転手の女性から聞いたんですけど、おじさんの乗客に「女の運転手で大丈夫なのか」とからまれるそうです。

「轢いたったらよかったのに」とつい言っちゃったけど（笑）。「女性は運転が苦手」というバイアスのせいで、男性も「男のくせに運転が下手だな」と揶揄されてしまう。言葉は文化を作るし呪いにもなるんですよ。

渡辺：私も言葉は大切だと思って、家でも気をつけてますね。

アル：両親が対等に尊重し合う関係を見せることも大切だと思います。子どもは身近な大人をお手本にして育つから、妻が夫の世話をして夫の機嫌をうかがっていると、そこから男女の関係を学んでしまいますよね。

渡辺：夫はもともと「手伝う」という感覚ではなく「一緒にやる」という考え方なので、家事育児も話し合ってやってきました。子どもが生まれた後、私の母が手伝いにきて何でもやってくれたので、夫の出番がなくなってしまって。そのときに「自分にもやらせてほしい」と言ってきたくらい、子育てには主体的です。

ただ、やっぱり昭和の男なので古い価値観も持っていて。たとえば女友達が「ごはん作りたくない」と言ってたと話したら「専業主婦なのに」みたいに返してきたから「作りたくない時だってあるよ」と言い続けていたら、そういう考えもあるんだって受け入れるようになりました。

アル：そりゃ専業主婦でもごはん作りたくない時はありますよ、家事ロボットじゃないんだから。会社員でも仕事したくない時はあるし、誰だって休みは必要ですよね。それにしても、ちゃんと言い続けるのは偉いですね。

渡辺：そんな両親の姿を見て子どもたちがどう思ってるかはわからないですが……「ママうるさいな」と思われてるかも（笑）。

アル：うるさいと思われるぐらい言い続けないと、子どもを呪いから守れませんよね。

渡辺：子どもがネットや学校で見聞きしたことをそのまま吸収して、自分の考えのように話すことがあってドキッとするんです。だから、その問題の背景を説明したうえで「ママはこう思うんだよね」と伝えるようにしてます。

アル：ネットにはデマやヘイトが溢れていて、女性を性的なモノ扱いしたり性暴力を助長するようなコンテンツもいっぱいある。それらを完全にシャットアウトするのは難しいので、大人が説明するのは重要だと思います。そのためにまず大人が学ばなきゃいけませんよね。

■3歳からパンツを洗うように

アル：性教育はどうされてますか？

渡辺：長男が生まれた時、加害者にも被害者にもしたくないと強く思って、小さい頃から話そうと決めてました。まずは3歳くらいから自分の下着は自分で洗うように教えました。

アル：おお〜すごい！　3歳でも自分のパンツ洗えるんだから、おじさんも洗うべきですよ。

渡辺：成長してから「パンツを汚してもママが洗ってくれる」と思われるのがイヤだったので、自分で洗うことを当たり前にしたかったんです。あと生理の時一緒にお風呂に入るようにして「生理というものがあってね」と説明したり、LGBTQ＋の話もしました。

アル：めっちゃおうち性教育してますね！　学校にジェンダーの授業に行くと、危機感を覚えるんです。女子学生から「セックスを断ると『俺のこと好きじゃないの？』と彼氏に責められる」といった悩みを聞く一方、男子校に行くと「性的同意ってなんですか？」と聞かれる。性的同意について、お子さんも教える必要が出てくるお年頃ですよね。

渡辺：私は小学校高学年くらいから話すようにしてました。親の知らないところで性的なことに興味を持ち始めるから、正しい知識を伝えなきゃいけないなって。たとえば「アダルトビデオは現実とは違うよ」「イヤだと言われたらイヤなんだよ」「いいじゃんって迫るのはナシだからね」とか話してます。

あと「あなたが嫌がることをする人はあなたのことを大切に思ってない。そういう人に好きだと言われても、自分が好きだと思っても、よく考えてね」とか。大きくなると親からも言いにくいし子どもも嫌がるので、なるべく早いうちから言うようにしてました。

アル：女友達が中学生の息子の部屋からコンドームを発見してしまい、尋問してしまいそうだと悩んでいたので、シオリーヌちゃんの『CHOICE 自分で選びとるための「性」の知識』（イースト・プレス）を紹介しました。この本は性教育動画のQRコードも載っていておすすめです。今は子どもの年齢に合わせた色んなコンテンツがありますよね。

渡辺：とはいえ親がいくら伝えても、子どもが失敗してしまうことはあると思うんです。せめて抑止力になればと思って、言い続けなければという気持ちですね。

アル：自分も失敗だらけの人生だったので膝パーカッションです。性教育の授業では「みんな普段から同意を取ってるよね」という話をします。たとえば友達と遊園地に行ったら「ジェットコースター乗る？」って同意を取るし、「前回は乗ったのになんで今日は乗らないんだ」「お化け屋敷はOKならジェットコースターもOKだろう」とか言わないよねって。直前に「怖いからやっぱやめとく」と言う人を無理やり乗せたりもしないよねって。性的なことだけが特別なわけじゃなく、みんな色々な場面で同意を取って暮らしてるんですよ。

と説明しながら「どの口が言う」って思うんですけど（笑）。私自身はイエス・ミーンズ・イエスなんて教育は一切受けておらず、流されるがままにセックスしてきたので。北欧の授業では「セックスで相手がイヤなことを求めてきたらどう伝えればいいか」とか、生徒同士でディベートするそうですよ。

渡辺：学校で正しい性教育を受けるのは子どもの権利ですよね。日本も「寝た子を起こすな」と避けずにちゃんと取り組んでほしいです。「同意」って自分も相手も大切にして尊重することだと思うんですよ。

アル：日本人はNOと言うのが苦手な人が多いじゃないですか。子どもの頃にNOと言っても聞いてもらえないと言えなくなるので、大人が子どもの意見を尊重することが大切。親が子どものNOを無視して「家族だから」「あなたのためを思って」とバウンダリー（境界線）を踏み越えるのはほんと良くない。

渡辺：娘がペットボトルを共有するのを嫌がるんですけど、息子や夫は「いいじゃん、家族なんだから」という感じで。だから「ちょっと待って。イヤなものはイヤなんだから尊重してあげようよ。あなたのことがイヤという意味ではなく、同じペットボトルに口をつけて飲むことが嫌なだけだから」と話したことがあります。

アル：すばらしい……満里奈さんの家に生まれたい人生でした。

スウェーデンに住む友人いわく、あちらでは小学校から子どもの権利を教えるので、娘さんに「子どもの権利は？」と聞くと「子どもを叩いてはいけない、子どもを働かせてはいけない……」とスラスラ答えるそうです。保育園の先生も「親の言うことを聞きましょう」じゃなくて「親が間違ったことをしたら先生に言いましょう」と教えるらしくて。もし子どもが「ママにぺしって叩かれた」とか話すと、先生には通報義務があるので警察沙汰になる。だから親も大変だけど、そうやってみんなで子どもを守ってるんだって言ってました。

子どもは生まれる家を選べないから社会が育てる、社会全体で子どもを守るという意識が徹底してるんですよね。

■信じて任せることの難しさ

アル：びっくりしたんだけど、スウェーデンには受験がないそうです。「子どもは遊ぶ権利がある」って考え方だから、塾なんか行かせると「なんちゅう教育ママや」とドン引きされるって聞きました。子どもを比べたらダメだから成績を貼り出したりもしないし、そもそも学歴社会じゃないから学校の優劣やランクがあんまりないらしくて。おまけに保育園から大学・大学院まで学費がタダなんて、天竺のように遠い世界ですよね。

渡辺：小さい頃から受験があって勉強に追われてると、子どもが劣等感を持ってしまったり、自己肯定感が低くなってしまうんじゃないでしょうか。

アル：実際、いろんな調査を見ても日本の子どもは自己肯定感や自己効力感が低いんですよね。私も中学受験のために毎日塾に通わされて、友達と遊ぶことも禁止されて、死にたいって思ってました。あれは教育虐待だったなと大人になって気づきました。

渡辺：つらいですね……。思春期に入って子育ての難しさを実感してます。子どもの意思を尊重したいけど、娘が勉強しないと正直不安になります。それで強い言い方をすると、娘の自尊心が削られていくのもわかるんです。「これくらいは勉強できてほしい」という気持ちを手放さなきゃいけないなと思って、日々修行ですね。

アル：「若い人と社会活動をするうえで気をつけてることはありますか？」と聞かれると「信じて任せること」って答えるんですよ。信じて任せて、あれこれ細かく口出ししないことって。でも自分の子どもだったらできないよな、めっちゃ口出ししたくなるよなって思います。

渡辺：信じて任せる、それがほんと難しいんですよね。私はお兄ちゃんと比べるような言い方はしたことないんですけど、娘に「頭が悪いから私のこと好きじゃないんでしょ」って言われたこともありました。なので息子を褒めたら、娘のことも褒めるようにしてます。でも家庭の外でも自己肯定感を削られるようなことはあるだろうし、ほんと難しい……。

アル：難しいですよね……。日本は子どもの精神的幸福度が先進国ワースト2位で、子どもの自殺が2022年に過去最多だったそうです。格差社会の競争社会で「勝者になれ」とプレッシャーをかけられて、失敗すると「自己責任だ、努力不足だ」と叩かれる。そんな大人もしんどい社会で子どもは希望を持てませんよ。

渡辺：大人の息苦しさを子どもたちも感じ取って「レールから外れたらダメ」「お金を稼がないと負け組」「社会は変えられないから自己責任で努力するべき」といった、新自由主義的な価値観を醸成しているのを感じます。

アル：灘校の片田孫朝日先生から聞いた話ですが、リアル赤ちゃんに接する「赤ちゃん先生」という授業をした時、生徒から「赤ちゃんは何もしていなくても、みんなから愛されるからいいな」という感想が出たそうです。能力主義がしんどいのかなって切なくなりました。満里奈さんが子育てで特に大切にしてることは何ですか？

渡辺：否定的なことは言わない、これは赤ちゃんの頃から気をつけてます。子どもには個人差があって成長のスピードも違うので、比べるようなことも言いません。あとはとにかく「あなたは生きてるだけで十分だから」と伝えたいなと思ってます。

アル：私もそんなふうに育てられたい人生でした……。

渡辺：できてないこともたくさんありますよー（笑）。

■アイドルだって閉経する

アル：ご自身は15歳から芸能界に入られてますが、ルッキズムに削られる経験とかありましたか？

渡辺：そりゃいっぱいありましたよ。顔がでかいとか脚が太いとか散々言われて、自己肯定感が下がる経験もしたので、子どもには見た目のことは絶対言わないようにしてます。

ただ、私は事務所の人に痩せるように言われたことが一度もないんですよ。私が「痩せた方がいいかな」と言うと「あなたはそのままでいいんじゃないの」と言ってくれて、私がやりたいことや好きな仕事をできるように応援もしてくれて。そういう経験があるから、自分も子どもの意思を尊重したいと思えるのかもしれません。

アル：なんちゅうまともな事務所や。逆に事務所からダイエットを強制されて摂食障害になったなんて話も聞くじゃないですか。周りの大人が子どもを守らんかいって怒りを覚えます。

満里奈さんは更年期のことも発信されてますよね。女性は特に「アンチエイジング」「いつまでも若く美しく」的な圧が強いけど、私は普通に老けたいって思うんですよ。最近は写真を修整せずに載せてほしいと言うタレントさんも出てきてるし、ルッキズムやエイジズムが滅ぶことを願ってます。

渡辺：私も自然に年を重ねている方は素敵だと思います。私自身、若い頃から男性目線にさらされて「綺麗でいなきゃいけない」と気にする自分と、自分のために綺麗でいたい自分がいます。「劣化」とか言われると普通に傷つくんですけど、お前に言われたくないって気持ちもあります。好きな服を着て好きなメイクや髪型をして、周りを気にせずもっと自由に年を重ねていきたいですね。

アル：若い頃、好きなメイクやネイルをしてると「それってモテないよ」と言うてくる男が大量にいて「おまえのためじゃない」というロゴ入りTシャツを作りたかったです。

年をとっても言われますよね。ヨーロッパとか行くと短パンにタンクトップのおばあさんが普通に歩いていて羨ましい。日本だと「ババアのくせに露出して」って目で見られるじゃないですか、ただ暑いから薄着してるだけなのに。

渡辺：女性は男性のために存在してるわけじゃないのに。

アル：その言葉もTシャツにしたいわ。公園で太極拳をするおばあさんたちも「ジジイに綺麗って思われたい」じゃなく「健康で長生きしたい」と思ってやってるんじゃないですか。

前に「穴需要のないババア」というクソリプがきたんだけど、そんな需要いらねえわ、むしろ年取って無駄に男が寄ってこなくなって快適だわって話ですよ。

渡辺：閉経することを「生理が上がる」って言いますよね。すごろくのゴールみたいに女としての人生が終わるようなニュアンスでモヤっとしました。

更年期のことも「そんなこと言っちゃっていいんですか？」と言われるんだけど、症状の差はあれみんないつかは来るものだから。元アイドルだって閉経するので、もっとオープンに楽しく話したいです。

アル：『離婚しそうな私が結婚を続けている29の理由』（幻冬舎）で子宮摘出のコラムを書いたら、女性からの反響がすごかったんです。私は生理から解放されて幸福度が爆上がりしたけど、「子宮を取ったら女じゃなくなる」みたいな呪いに悩む人も多いんですよ。それもあって、手術してもセックスできるし子宮をとってもビシャビシャ！　と実体験を書きました。

渡辺：性に関する話はタブーとされてきたので、情報がなさすぎますよね。かつては隠すことが美徳とされたけど、今はみんなが求めるものが変化してる感覚があります。自分の身体をどうメンテナンスしていくか、という視点になってますよね。

アル：私もブラジャーがきついから痩せようとか、股関節が外れないようにストレッチしようとか、全部自分のためにやってます。

渡辺：私がトレーニングするのも痩せることが目的じゃなく、一生自分の足で歩きたいから。自分のためにがんばるのが今は心地いいですね。

アル：私も一生自分の足で歩きたいし、一生自分の歯で食べたい。「顔が綺麗」よりも「歯周ポケットが綺麗」って言われる方がテンションが上がるお年頃です（笑）。

■まさかうちの夫が、と驚きました

アル：夫さんとはなんでも話し合う関係ですか？

渡辺：もともと私は意見を表明することも話し合うことも苦手だったんですよ。嫌なことがあると溜めてしまって、「気づいてよ」と不機嫌な態度になってたんです。

でも結婚当初に夫が「何を考えてるかわからないのは気持ち悪いし、話し合わないと何も解決しない。もし意見が合わなくてケンカしても、たとえ時間がかかっても、ちゃんと話をしよう。でも次の日まで持ち越さないように夜は『おやすみ』と言って寝ようね」と言ってくれて。

それから「何かあるなら言ってよ」と言われながら、話す訓練をしてきました。今は私も図太くなって主張できるようになったけど、その土台は夫が作ってくれたものです。

アル：うちも結婚当初に夫が「お互い人類なんだからちゃんと言語でコミュニケーションしよう」と言ってきて、こんな男もいるんだ、ラピュタは本当にあったんだ……とパズー顔になりました（笑）。それから「察して禁止令」を発布して、なんでも話し合うようにしてます。

ただ双方に話し合う姿勢がないと対話はできないですよね。夫と話し合おうとしても無視されるとか、逆切れされるとか、野生のゴリラより話が通じないとか、女友達からよく聞きます。

これからパートナーを見つけたい人は対話できるかどうか、耳が痛い話についても話し合えるかを確かめてほしい。それと「病める時」ベースで考えた方がいいと思う。健やかな時は仲良くて当たり前なので、調子が悪い時に支え合えるかを重視した方がいい。満里奈さんは2019年に夫さんが体調不良で一度休業されてますよね。

渡辺：まさかうちの夫が、と驚きました。「仕事なんかやめていいよ」と伝えたけど、夫は「俺はがんばりたい」と。「身体を壊してまでする仕事なんかないし、家だって売ればいい、なんとか生きていけるから」と声をかけました。

でも、最初は不安でしかたなかったです。もし夫がまったく仕事できなくなって、私が看病しながら働くことになったらどうなるんだろう……と怖くて涙を流す日々でした。その後、友達やスタッフに自分の状況や本音を泣きながら話したら「よし！ がんばらなきゃ」という気持ちが湧いてきたんです。

また、その時に夫の幼少期の経験とか、つらかったことや悲しかったことか、今まで聞いたことなかったこともたくさん話しました。夫は「泣いちゃいけない」「弱音を吐いちゃいけない」というタイプだったけど、あの時に肩の荷が降りたんじゃないかと。もしまた不調に直面しても今度は自分で気づいて休めるでしょうし、弱い部分を出す機会があって良かったと今では思います。

アル：私も夫の調子が悪かった時「仕事やめたら？」と言ったら「そうはいかない」と返されてびっくりしました。意外と普通の人なんやなって（笑）。でもやめてもいいと思ったら気が楽になったらしく「クソ上司の体中の関節をバラバラにしてやる」「ええぞええぞ」とか言うてるうち元気になりました。異動になって給料は減ったみたいだけど、夫の健康の方がずっと大切ですから。

渡辺：夫はいつも家族最優先で自分のことは二の次だったので「まずは自分を大切にしてあげた方がいいよ」と話したんです。でも夫は「自分を大切にするってどういうこと？　家族が幸せなら俺も幸せだよ」と言ってて……。

自分を大切にすることがどういうことか、夫にわかってほしいし、私の人生のテーマでもあります。子どもたちも自分を大切にできる人になってほしい。自分自身を心から大切にできれば、誰かを大切にすることができると思うから。

アル：自分のことを、自分の大切な家族や友人のように扱ってほしいですよね。日本人は今の20倍ワガママになるぐらいがちょうどいいと思う。日本人って「他人に迷惑をかけちゃダメ」「周りの期待に応えなきゃ」って他人のことばかり気にしがちじゃないですか。もっと自分ファーストに生きた方がいいですよ。

それは自分勝手って意味じゃなく、自分の感情や欲望を理解して大切にするってこと。あと自分の船の船長は自分、自分の人生の舵は自分で握るって覚悟を持つこと。他人のことばかり気にしてたら船は沈んでしまうから。

渡辺：自分自身と向き合うのが苦手な人は多いかもしれませんね。

アル：男性は特に自分の感情を言語化するのが苦手ですよね。愚痴や弱音を吐いちゃダメ、自分で解決しなきゃって抱え込んでしまう男性も多い。もっと〝弱さ〟を開示してつながることを学んでほしいです。夫も昔は「男は涙を見せぬもの」的な感じだったけど、今はのびのびと泣くようになりました。加齢による涙腺ガバガバ現象か、フェミニストと暮らすうちに呪いが解けたのかわからないけど、最近はぬいぐるみと寝ていて夫がどんどん可愛くなってます（笑）。

渡辺：うちの夫もどんどん柔らかくなっていて、逆に私はどんどん強くなっていて、ちょうどいいバランスなのかも（笑）。

■私ってフェミニストなのかも

アル：日本では芸能人が「投票に行きました」と投稿するだけでクソリプが湧いて、民主主義の意味すら知らないマンが多すぎますよ。

渡辺：私も政治や社会問題について投稿すると「スポンサーがいるからそんな発言しない方がいいですよ」と余計なお世話的なアドバイスもらうんですけど、内心「お前にそんなこと言われたくないよ」と思ってます（笑）。
アル：お前マネージャーかよっていう（笑）。
渡辺：あと「何も知らない芸能人のくせに」とか言われて「女は黙ってればいい」と言われてた若い頃と変わらないなって。世の中が進んでる部分もある一方、まだそういう風潮があるのは残念だなと思います。
アル：都知事選挙で蓮舫さんが「怖い」「攻撃的」とかバッシングされてたのも、はっきりものを言う女が気に食わないだけですよね。「大年増の厚化粧」発言の石原慎太郎氏や「バカヤロウ」発言の二階俊博氏とかの方がよっぽど攻撃的なのに、「〇〇節」「さすが」と持ち上げるのがまさにヘルジャパン。
渡辺：一方で、アルテイシアさんの本や色々な人の発信を見て「こうやって考えてるなら私ってフェミニストなのかも」と思って、いろんな問題に気づいて話せるようになった今は世界が広がっていく感覚で楽しいです。
アルテイシアさんと田嶋陽子さんの対談本（『田嶋先生に人生救われた私がフェミニズムを語っていいですか⁉』KADOKAWA）は核心をつく内容で、

かつ笑いながら読めました。同世代の友達に勧めたら、その方の20代の娘さんが読んで「私の生きづらさってこういうことだったんだ！」って言ってくれたのがすごく嬉しかったです。

アル：嬉しくてギャン泣きしそう。田嶋先生も草葉の陰で泣いていますよ、まだ全然お元気ですけど（笑）。

朝ドラ『虎に翼』はフェミニズム要素が盛りだくさんですが、エンタメとしてもおもしろくて、フェミニズムの本を読まない人にも届いてるだろうなって。

渡辺：私も『虎に翼』は大好きで、差別のことなども含め、踏み込んで描いていることに感動してます。

日本では「音楽に政治を持ち込むな」という意見も聞こえてきますが、私が20代の頃に聞いてたブラックミュージックは政治のことを歌ってました。「〇〇に政治を持ち込むな」と言う方がナンセンスだと思います。

アル：そもそも「政治の話をするな」という主張がすごく政治的じゃないですか、権力を批判するなってことなんだから。みんなが政治に意見を言って話し合うのが民主主義なのに、ほんと都合のいい奴隷にされてますよね。

政治批判やデモをすると逮捕されて拷問されるような時代があったわけで、それに比べたらマシな世の中になってますよね。それは先人たちが怒りの声を上げて、体を張って闘ってきたおかげだから、私も怖れずに発信してバトンをつないでいきたいです。

渡辺：私は政治や社会について、近しい人と熱く語ることがよくあります。手の届く範囲の人から一人ずつ伝えていって、政治に関心を持つ人を増やしていきたいですね。

アル：何もかもはできないけど、何かはできる。それぞれが自分の場所で自分にできることをやれば、社会は変わりますよね！

渡辺満里奈

1970年11月18日生まれ。東京都出身。1986年、テレビ番組の『夕やけニャンニャン』から誕生したアイドルグループ「おニャン子クラブ」にて芸能活動を開始。解散後は清潔感あふれる明るいキャラクターを活かしてテレビ・CM・雑誌などで活躍。2005年、お笑いトリオ「ネプチューン」の名倉潤氏と結婚。2007年・長男出産、2010年・長女を出産し現在は2児の母。

―コラム―

女に生まれてよかった

同時代を同世代として生きてきた満里奈さんとの対談は、友達とおしゃべりしているみたいだった。

「私ってフェミニストなのかもと思って、いろんな問題に気づいて話せるようになった今は世界が広がっていく感覚で楽しいです」という言葉に「うんうん、フェミって楽しいよね！」と肩を組んで合唱したくなった。

「自分を大切にするってどういうこと？」という夫さんの問いが胸に刺さる。「あのときに夫の幼少期の経験とか、つらかったことや悲しかったこととか、今まで聞いたことなかったこともたくさん話しました」と振り返っていたが、それまで夫さんは誰にも話せなかったのかもしれない。

とある仕事で中高年男性8人とおしゃべりする機会があった。「つらいときに悩みを話せる人はいますか？」と聞くと「いない」と全員が即答。「今日の皆さんで集まって悩みを話す会を企画したらどうですか？」と提案すると「ほんまやな」「そりゃええな」と頷いていたので、実現すればいいなと思う。うちの父にもそんな場所があればよかったのに。

羽振りのよかった頃の父は仕事仲間とよく飲みに行っていたが、悩みや本音を話せる関係ではなかったのだろう。父は「俺は一匹狼や」と無頼を気取っていたが、浮気者だったくせに一夫一妻の狼に謝れと思う。私は父のことが嫌いだったけど、あんな死に方はしてほしくなかった。

死後、遺品のアルバムを開くと子どもの頃や学生時代の父の写真があった。彼も昔はかわいい男の子だったのだ。そう思うと「そんなに強がらなくていいんだよ」と言ってあげたくなった。男の子も泣いていいし、弱音を吐いていいんだよと。その古ぼけた巨大なアルバムは処分に困って、ぱらっと塩を振ってから普通ゴミの日に出した。

仕事以外に交友関係のない高齢男性が退職して孤独になるケースは多い。友人は暇を持て余していた父親にiPadを贈ったら、一日中YouTubeを見続けて陰謀論にハマってしまったと嘆いていた。つらい。一方、別の友人はいつも不機嫌で家族に怒鳴り散らす父親にはじめて友達ができたら、一切怒鳴らなくなったと言っていた。すごい。人間は狼と違って群れで暮らす生き物だから、ひとりでは生きていけないのだろう。悩みや本音を話せる存在が必要なのだろう。

夫さんに満里奈さんがいてよかった。そして私も満里奈さんに育てられたい人生だったバブーと思った。子どもに対して否定的なことは言わない、比べるようなことも言わない、「あなたは生きてるだけで十分だから」と伝えたいと話していたが、私は親から否定的なことばかり言われて育った。

幼稚園のとき、運動神経の鈍い私は「なんでスキップができないの!?」と母にさんざん怒鳴られた。今なら人生でスキップができなくて困ることがあるかと言い返すが、自分は出来損ないなんだと子ども心に思った。

母似で美形の弟と比べて容姿をけなされることもよくあった。姉弟だからマシだったけど、姉妹だったら楳図かずお的な惨劇が起きたかもしれない。母は小学生の私にダイエットさせようとして「ごはん一杯以上食べません」と誓約書を書かせた。私めっちゃ可哀想やないか。ちなみに今はスキップできるけど、中年なのでごはんは一杯しか食べられない。

その誓約書が遺品の中から出てきた時はたまげた。母は物を捨てられない人だったので、遺体が発見された部屋は大量の物であふれていた。押し入れから謎の木箱が出てきて、敵将の首とか入ってたらどうしようとどきどきした。

物に囲まれて暮らしながら、母には友達が一人もいなかった。葬儀に来る人も誰もいなかった。遺影の母はあいかわらず美人で「お疲れさま、来世は友達を作って幸せになってね」と手を合わせた。本当は今生で幸せになってほしかったけど。

満里奈さんは夫の休業中、不安で怖くて涙を流す日々の中「友達やスタッフに自分の状況や本音を泣きながら話したら「よし！　がんばらなきゃ」という気持ちが湧いてきたんです」と語っている。

私も友達に支えられて生きてきた。中高時代は女友達が「面白いよ」「文章うまいね」と褒めてくれたから、がんばろうと思えた。自分はシスターフッドに救われたから、女たちが支え合える場所を作りたくて大人の女子校やジェンダーしゃべり場を始めた。

またフェミ友つながりで地元の女性議員さんたちと知り合い、社会活動や選挙ボランティアも始めた。地元につながりができたことはものすごく心強い。特にコロナ禍はみんなで助け合い、食料品や日用品を分け合いながら「コロナなんぞなんぼのものか」と思えた。トイレットペーパー不足の時は尻を拭く草を栽培しようかとも考えた。柔らかい葉っぱをよく揉んで使えば…と尻の話はおいといて。

SNSつながりで尊敬するフェミ友もたくさんできた。兵庫県知事選のあれやこれやで「人類にインターネットは早すぎた」と気絶していたが、インターネットのおかげで出会えた人たちもいる。やはり道具じゃなく使う側の問題なのだ。

独身、既婚、子持ち、子無し、シンママ、ワーママ、専業主婦……とフェミ友たちの属性は様々だけど、最後は大体おひとりさまになるんだから、みんなで年をとっていこうねと話している。ドッと笑った瞬間にドッと尿漏れしながら、おばあさんになってもおしゃべりしたい。そんな未来を想像すると、年をとるのも怖くない。

フェミニズムに出会って、女に生まれてよかったと思った。イソフラボンなんか目じゃない効果である。私は何度生まれ変わるとしても女がいい。勇者でも悪役令嬢でもスライムでもいいから女に生まれたい。そう思わせてくれたフェミニズムよ、ありがとう。

そして対談してくださった渡辺満里奈さん、武田砂鉄さん、楠本まきさん、津田大介さん、瀧波ユカリさん、竹田ダニエルさん、藤井サチさん、編集の杉山りかさん、構成の雪代すみれさん、ありがとうございました。なにより本書を読んでくださった皆さんに心から感謝します。対立と分断が加速する世の中だからこそ、手をつないで生きていきましょう。

だったら、あなたも
フェミニストじゃない？

2025年1月22日　第1刷発行
（定価はカバーに表示してあります）

著者　アルテイシア

発行者　宍倉立哉

発行所　株式会社　講談社
〒112-8001 東京都文京区音羽2-12-21
電話　編集 03-5395-3463
販売 03-5395-3608
業務 03-5395-3603

製版所　株式会社KPSプロダクツ

印刷所　TOPPANクロレ株式会社

製本所　株式会社若林製本工場

装丁　橋本清香

編集　杉山りか

構成　雪代すみれ

N.D.C.914　223p　18.8cm　ISBN978-4-06-537498-6　Printed in Japan

KODANSHA